马克思主义简明读本

劳动价值论

丛书主编：韩喜平

本书著者：刘元胜

编 委 会：韩喜平　邵彦敏　吴宏政
　　　　　王为全　罗克全　张中国
　　　　　王　颖　石　英　里光年

吉林出版集团股份有限公司

图书在版编目（CIP）数据

劳动价值论/刘元胜著.--长春:吉林出版集团股份有限公司，2013.9
（2019.2重印）
（马克思主义简明读本）

ISBN 978-7-5534-2604-4

Ⅰ.①劳… Ⅱ.①刘… Ⅲ.①马克思主义—劳动价值论—研究 Ⅳ.①F014.2

中国版本图书馆CIP数据核字(2013)第174324号

劳 动 价 值 论
LAODONG JIAZHI LUN

丛书主编：	韩喜平
本书著者：	刘元胜
项目策划：	周海英　耿　宏
项目负责：	周海英　耿　宏　宫志伟
责任编辑：	金　昊
出　　版：	吉林出版集团股份有限公司
发　　行：	吉林出版集团社科图书有限公司
电　　话：	0431-86012746
印　　刷：	北京一鑫印务有限责任公司
开　　本：	710mm×960mm　1/16
字　　数：	100千字
印　　张：	12
版　　次：	2013年9月第1版
印　　次：	2019年2月第2次印刷
书　　号：	ISBN 978-7-5534-2604-4
定　　价：	29.70元

如发现印装质量问题，影响阅读，请与出版方联系调换。0431-86012746

序　言

习近平总书记指出，青年最富有朝气、最富有梦想，青年兴则国家兴，青年强则国家强。青年是民族的未来，"中国梦"是我们的，更是青年一代的，实现中华民族伟大复兴的"中国梦"需要依靠广大青年的不断努力。

要提高青年人的理论素养。理论是科学化、系统化、观念化的复杂知识体系，也是认识问题、分析问题、解决问题的思想方法和工作方法。青年正处于世界观、方法论形成的关键时期，特别是在知识爆炸、文化快餐消费盛行的今天，如果能够静下心来学习一点理论知识，对于提高他们分析问题、辨别是非的能力有着很大的帮助。

要提高青年人的政治理论素养。青年是祖国的未来，是社会主义的建设者和接班人。党的十八大报告指出，回首近代以来中国波澜壮阔的历史，展望中华民族充满希望的未来，我们得出一个坚定的结论——实现中华民族伟大复兴，必须坚定不移地走中国特色社会主义道路。要建立青年人对中国特色社会主义的道路自信、理论自信、制度自信，就必须要对他们进行马克思主义理论教育，特别是中国特色社会主义理论体系教育。

要提高青年人的创新能力。创新是推动民族进步和社会发展的不竭动力，培养青年人的创新能力是全社会的重要职责。但创新从来都是继承与发展的统一，它需要知识的积淀，需要理论素养的提升。马克思主义理论是人类社会最为重大的理论创新，系统地学习马克思主义理论有助于青年人创新能力的提升。

要培养青年人的远大志向。"一个民族只有拥有那些关注天空的人，这个民族才有希望。如果一个民族只是关心眼下脚下的事情，这个民族是没有未来的。"马克思主义是关注人类自由与解放的理论，是胸怀世界、关注人类的理论，青年人志存高远，奋发有为，应该学会用马克思主义理论武装自己，胸怀世界，关注人类。

正是基于以上几点考虑，我们编写了这套《马克思主义简明读本》系列丛书，以便更全面地展示马克思主义理论基础知识。希望青年朋友们通过学习，能够切实收到成效。

韩喜平

2013年8月

目　录

引　言 / 001

第一章　科学认识劳动价值论 / 003

第一节　存在前提：产品成为商品 / 004

第二节　基本观点：劳动创造价值 / 005

第三节　与时俱进：历史范畴使然 / 006

第四节　人性关怀：核心价值意蕴 / 008

第二章　古典政治经济学的劳动价值论 / 010

第一节　威廉·配第：劳动价值论的率先提出者 / 011

第二节　亚当·斯密：劳动价值论的系统论述者 / 016

第三节　大卫·李嘉图：劳动价值论的集大成者 / 023

第三章　走近马克思 / 038

第一节　马克思：全世界无产阶级的伟大导师 / 039
第二节　马克思博大精深的学术思想 / 048

第四章　马克思的劳动价值论 / 056

第一节　商品二重性：使用价值和价值 / 057
第二节　商品价值量的决定因素 / 066
第三节　劳动二重性：具体劳动和抽象劳动 / 070
第四节　价值形式的发展 / 078
第五节　商品拜物教性质及其秘密 / 084
第六节　货币的产生及其职能 / 098

第五章　马克思劳动价值论的当代价值 / 126

第一节　按劳分配 / 127
第二节　按生产要素分配 / 140
第三节　和谐劳资关系 / 152
第四节　以人为本的科学发展观 / 169

引　言

　　劳动价值论在马克思主义理论体系中占有重要的地位，是其基本理论之一，更是马克思主义经济理论的基石。马克思运用辩证唯物主义和唯物主义辩证法对当时存在的资产阶级政治经济学进行了批判，在此基础上创立了劳动价值论。马克思的劳动价值论揭示了资本主义生产方式发生、发展和它最终必然被社会主义生产方式代替的自然规律。

　　作为科学的经济学理论，马克思的劳动价值论充分借鉴、扬弃和发展了古典政治经济学及之前的经济学理论；随后，马克思以整个人类社会的实践作为根据，用辩证法和历史唯物论从根本上改造了古典的劳动价值论，并赋予了其历史性质；然后，在劳动价值论的基础上科学地创立了剩余价值理论以及后来的利润、平均利润理论，并通过生产力和生产关系的辩证关系揭示了资本主义生产方式的历史暂时性。

　　作为开放的经济理论，马克思的劳动价值论具有与时俱进的理论品格,并在新的历史条件下呈现出鲜明的时代特色,与建设中国特色社会主义市场经济体制的伟大实践紧密相连,并能够为正确认识和解决社会主义现代化建设中出现的新问题提供理论营养,具有重大的当代价值。

第一章 科学认识劳动价值论

随着商品经济的充分发展,社会财富的积累日益增多。人们在享受社会财富带来的福利的同时还对这样几个问题抱有极大的兴趣:社会财富的创造来源于什么?社会财富的交换标准是什么?社会财富的分配原则是什么?其中,对创造来源的追问最具有基本性,它涉及到了表现为社会财富的基本形式的商品的价值源泉问题,也就是经济学上的唯一的价值。所以,系统学习商品价值理论,不仅能够揭示在某一社会经济形态中占主导地位的社会财富的创造来源问题,而且还能够揭示这一社会经济形态的历史演变规律。作为一种经济学说,在不同的经济学家的分析视野里,劳动价值论的理论核心不尽相同,由此使得劳动价值论呈现出历史演进性。因而,需要全方位地科学认识劳动价值论,以便更深入地理解劳动价值论,并与时俱进地坚持和发展劳动价值论。

第一节　存在前提：产品成为商品

自然经济、商品经济和产品经济是人类社会发展进程中的三大经济形态。在不同的社会生产力发展水平下，人们所处的经济形态不尽相同，由此使得人们的经济行为也呈现出差异性。

在自然经济条件下，社会生产力水平比较低下，社会分工不发达，经济主体生产的目的主要是为了满足自身的需要，而不是为了交换，因此产品几乎不进入流通过程。这种自给自足性使得经济主体彼此之间处于分散和孤立的状态，自然分工、封闭、保守、简单的再生产于是成为了自然经济的基本特征。随着社会形态的不断演进，特别是在封建社会末期，社会生产力快速发展，经济主体劳动的产品日渐增多并逐渐有了剩余，经济主体将剩余劳动产品进行交换逐渐成为了颇具常态性的经济行为，进一步使得交换成为了生产的直接目的。这让人类社会由自然经济阶段步入了商品经济阶段，并表现出了与自然经济阶段极为不同的特征。在商品经济条件下，生产不是为了自给自足而是为了交换，社会分工、开放、开拓进取、扩大再生产于是成为了商品经济的基本特征。可见，商品以劳动产品的交换为存在前提，是通过交换进入社会消费领域以满足人们需要的劳动产品。

第二节　基本观点：劳动创造价值

商品是具有交换属性的劳动产品。经济主体不再满足于商品的交换，而是关注按照什么样的标准进行交换，以便确定自己所生产的商品与其他经济主体所生产的商品的兑换比例，从而通过交换确定自己与其他经济主体的经济地位。由此可见，兑换比例的确定，其实就是对不同经济主体所生产的劳动产品所包含的价值量大小的衡量。

价值是商品经济范畴，有了商品的交换才会产生价值问题。在商品经济发展的不同阶段，价值及其规律对商品的生产和流通发挥着支配性的作用。价值的创造源泉是什么？决定不同经济主体商品交换比例的标准是什么？是价值理论需要回答的基本命题。由于商品作为劳动产品的共性，经济主体会依据商品所包含的劳动量的大小的相互比较所呈现出的相等的或者不相等的程度，来确定交换的比率。由此表现出来的价值理论就是，劳动是创造商品价值的源泉，即劳动价值论。

固然，劳动价值论将劳动作为衡量商品价值量大小的标准；但是，在商品生产的不同阶段，经济学家对劳动价值论的认知和理解不尽相同。纵观经济思想史，劳动价值论最早由古典政治经济学创立，但是由于该学派代表性人物的阶级局限性，使得这一时期的劳动价值论存在诸多局限性和不合理性；后经马克思批判性的继承和发展，才使得劳动价值论具有了科学性和完整性，并成为了马克思经济理论的基石。

第三节　与时俱进：历史范畴使然

恩格斯认为，科学的逻辑进展要反映对象的历史发展，"是历史过程在抽象的、理论上前后一贯的形式上的反映"。价值作为商品经济范畴的特征，使得价值的认识和研究过程反映了商品经济发展过程。在商品经济发展的不同阶段，商品的形式也不尽相同。在简单商品生产阶段，商品只是单纯作为商品来交换的。而在资本主义生产阶段，商品就"不只是当作商品来交换，而是当作资本的产品来交换"。

劳动价值论

当资本占有了生产资料后，全部的劳动产品，直接的生产者只得到相等于他们必要劳动部分的产品，剩下的劳动产品则以剩余价值的形式归于资本。由此可见，在简单商品生产阶段，商品直接依照其价值，或者近似于其价值进行交换；而在资本主义商品生产阶段，商品则不依照其价值而是依照其生产价格进行交换。这说明，价值理论与商品经济发展的紧密相连性，使得劳动价值论呈现出充分的历史性。

马克思曾指出，"诚然，政治经济学曾经分析了价值和价值量，揭示了这些形式所掩盖的内容。但它甚至从来也没有提出过这样的问题：为什么这一内容采取这种形式呢？为什么劳动表现为价值，用劳动时间计算的劳动量表现为劳动产品的价值量呢？"马克思在批判地继承了古典政治经济学的劳动价值理论的科学成分的基础上，用辩证法和历史唯物论从根本上论证了劳动价值论的历史性质，并以古典劳动价值论的科学成分为基础创立了剩余价值理论以及后来的利润、平均利润理论，并认为资本主义的企业追求的是剩余价值这种剩余劳动，而不是追求的使用价值，进而指出在生产力的不同发展阶段，资本主义生产方式的阶级矛盾性所呈现出的生产关系对生产力发展的阻碍作用，会使得价值的表现形式体现出历史性质。这说明，劳动价值论不具有绝对性，而是具有历史性，由此使得演变性贯穿于劳动价值论发展的全过程。

正是由于历史性质，使得劳动价值论不是封闭的，而是开放的。作为开放的、历史的经济理论体系，劳动价值论更加关注现实经济世界的发展，以时代性的特征和课题不断丰富自身研究内容，由此让劳动价值论呈现出与时俱进的特征。

第四节 人性关怀：核心价值意蕴

经济学的研究既要关注商品的生产与交换，又不能忽视人的发展这一根本目的。见物不见人的经济学理论会让物的拜物教、进而资本的拜物教支配着社会经济生产的全过程，以至于让人被物所遮蔽，让人作为生产的出发点和落脚点无从实现。因而，经济学研究必须具有价值判断，价值判断是经济学方法论选择的逻辑指向，价值判断不同会让经济理论所指导的经济社会实践的路径大为不同，由此赋予了人在经济发展进程中的地位亦有差异。

马克思主义经济学始终将人理解为社会的人、实践的人，认为任何经济规律归根到底是人的活动规律；人是社会的主人，研究经济学不能离开对人的研究。所以，要将人的发展与社会的发展统一起来，将人的全面自由发展作为推进社会发展的起点，要权衡处理好人的发展与物质财富增加的关系，不能有所偏颇。这进一步意味着，要将人的全面自由发展、人与物的关系、人与人的关系作为经济学理论和经济实践的中心议题。

马克思认为，"动物的生产是片面的，而人的生产是全面的"①。"已经产生的社会，创造着具有人的本质的这种全部丰富性的人，创造着具有丰富的、全面而深刻的感觉的人作为这个社会的恒久的现实。"正是马克思主义经济学的这种价值判断，使得物质生产力的发展不是经济社会发展的全部要义，而是深深地受制于人的生产力的发展，即"物质生产力的限制，取决于物质生产对于个人的完整发展的关系，在这个转变中，表现为生产和财富的宏大基础的是社会个人的发展；真正的财富就是所有个人的发达的生产力"。劳动价值论作为马克思主义经济理论体系的基石，理所当然也关注人的全面自由发展，由此在经济社会实践中表现出极强的人性关怀。

---

①马克思：《1844年经济学哲学手稿》，人民出版社1985年版，第53页。

第二章　古典政治经济学的劳动价值论

作为政治经济学的早期形态之一，古典政治经济学是西欧资本主义产生时期的资产阶级的政治经济学，产生于17世纪中叶，完成于19世纪初期，故又称"资产阶级古典政治经济学"。马克思是该概念的首创者，并在《政治经济学批判》（1859）中明确地指出："古典政治经济学在英国从威廉·配第开始，到李嘉图结束，在法国从布阿吉尔贝尔开始，到西斯蒙第结束。"古典政治经济学的主要理论贡献就是在反对和批判重商主义的过程中，将研究从流通领域转移到生产领域，最早提出劳动价值论，从而为该学派今后的发展奠定了坚实的理论基础。尽管，由于资产阶级立场和历史条件的限制，古典政治经济学缺乏对资本主义发展规律的正确认识，将资本主义经济关系和各种经济范畴都看成是自然的、永恒的，不可避免地存在着庸俗的成分；但是，古典政治经济学的劳动价值论仍具有开创性和一定程度的科学合理成分，经过马克思的科学批判和合理吸收，成为了马克思主义政治经济学的主要理论来源之一。

第一节　威廉·配第：劳动价值论的率先提出者

一、威廉·配第传奇多彩的人生

威廉·配第是经济思想史上颇具传奇的经济学家之一，他出生在英国的一个手工业者家庭。他天资聪慧，在16岁之前就掌握了拉丁语、希腊语、法语、数学、天文学和航海知识；他大学时期曾分别于阿姆斯特丹、巴黎和牛津学习医学，获得博士学位后到伦敦大学执教；后来，他担任英国驻爱尔兰总督的随军医生，开始其政治生涯；之后，他又出任了爱尔兰土地分配总监，并当选为爱尔兰国会议员；后因得不到詹姆斯二世的赏识而退出政坛。

威廉·配第生活在英国由封建社会向资本主义过渡的时期。新航路的开辟，使得英国的资本主义发展极为迅速，新兴的资产阶级和新贵族纷纷要求社会变革，反对封建专制，以便更好地发展资本主义。随后爆发的英国资产阶级革命，推翻了封建专制统治,确立了资本主义制度。统治阶级、政治制度的变化,需要新制度、新思想和新经济理论为统治阶级服务。正是在这一时势造就英雄、新旧社会交替的时代背景下,威廉·配第积极地向君主谏言献策,以自己的经济理论反对封建社会的专制统治,坚定地支持英国资产阶级革命和统治者。威廉·配第一生著作颇丰,主要有《赋税论》、《献给英明人士》、《政治算术》、《爱尔兰政治剖析》和《货币略论》等。

作为资产阶级革命的支持者,威廉·配第的身上颇具资本家的冒险精神,他凭借聪明的头脑和勤奋的学习,不断地捕捉各种商业机会,并在晚年成为了拥有大片土地的大地主,此外他还先后创办了渔场、冶铁和铝矿企业。然而,威廉·配第的资本家式的冒险风格使得马克思对他的人品颇为憎恶,认为威廉·配第是个"十分轻浮的外科军医",是个"轻浮的掠夺成性的、毫无气节的冒险家"。与此成为鲜明对比的是,马克思对威廉·配第的经济思想给予了极高的评价,称威廉·配第为"现代政治经济学的创始者","最有天才的和最有创见的经济研究家",是"政治经济学之父,在某种程度上也可以说是统计学的创始人"。

二、威廉·配第的劳动价值论思想

价值理论是政治经济学理论体系赖以建立的基础，就如同恩格斯强调的，价值问题研究所涉及的，"不仅是纯粹的逻辑过程，而且是历史过程和对这个过程加以说明的思想的反映，是对这个过程的内部联系的逻辑研究"。在这个意义上，价值理论的不同会使得相应的经济学理论体系不尽相同。

作为古典政治经济的创始人，威廉·配第在劳动价值论上的主要贡献就是，第一个提出了劳动创造价值的思想，正是他第一次有意识地将商品价值的源泉归于劳动的历史功绩，才为科学的劳动价值论奠定了基础。

威廉·配第的劳动价值论思想主要体现在《赋税论》中，主要涉及到四个紧密联系但又有区别的概念，即自然价值、自然价格、政治价格和真正的市场价格。依据威廉·配第的分析，自然价值实际上就是价值，它的高低决定于生产自然必需品所需要的人手的多少，自然价值若用货币表示则是自然价格，政治价格是以"自然价格"为基础而计算出来的价格，并且"如果将这种政治价格以人为的共同的标准银币来衡量，就可得到我们所寻求的价格，即真正的市场价格"。

围绕这四个概念，威廉·配第分析了他的价值理论，并揭示了商品的价值规律，不仅仅说明了商品的价值量由其中包含的劳动量确定，还论证了商品的价值量与劳动生产率成反比的规律。比如，威廉·配第曾经举例说，假定生产1蒲式耳的谷物和生产1盎司白银要用相等的劳动，假如一个人能够在生产1蒲式耳谷物的时间内，将1盎司白银从秘鲁的银矿中运到伦敦，那么，后者便是前者的自然价格。由此可以看出，威廉·配第找到了商品价值是由等量劳动衡量的规律，即商品的价值量决定于所需要的劳动时间，并与其成正比关系，也就是"当一个人可以生产十个人所需的谷物时，谷物的价格要比他仅可以生产六个人所需的谷物时要便宜"。同时，威廉·配第还认为，"如果发现了新的更丰富的银矿，因而获得2盎司白银和以前获得1盎司白银同样容易，那么，在其他条件相等的情况下，现在谷物1蒲式耳售价10先令，和以前1蒲式耳售价5先令，同样低廉"。除此之外，威廉·配第还进一步强调，随着分工的日益细化，劳动生产率就会越高，由此会使得劳动时间越来越少，从而商品价值就会越来越低。这些分析充分表明，威廉·配第确确实实地富有先见性地提出了劳动决定价值的理论命题，即"实际上用商品中包含的劳动的比例量来衡量商品的价值"，将劳动看作价值源泉。

可见，威廉·配第的劳动价值论颇具开创性。他第一次将生产商品时消耗的劳动量视作决定商品的自然价格的基础，并强调如果生产两种的时间相等，那么这两种商品的价格就相等。但是，威廉·配第的劳动价值论是粗糙的，特别是由于他没有正确地区分劳动的二重性，以至于他提出的劳动价值论存在诸多不合理、不科学的地方，具体表现如下：一是他混淆了价值同交换价值的关系，没有将两者区别开来，依据他的分析"1蒲式耳谷物=1盎司白银"，在这个公式中，白银只是谷物的交换价值，而不是谷物的价值；正是由于他将交换价值直接就看作是货币，也导致他将交换价值混淆为价格，不能将交换价值从价格中抽象出来。二是他还混同了价值与使用价值，没有正确区分作为交换价值源泉的劳动和作为使用价值源泉的劳动，这是因为他将生产金银的具体劳动看作是直接生产交换价值的，并把其他劳动看作是生产使用价值的。

第二节 亚当·斯密：劳动价值论的系统论述者

一、亚当·斯密非同寻常的人生

亚当·斯密是经济学的主要创立者。1723年，亚当·斯密出生在苏格兰法夫郡的寇克卡迪。亚当·斯密的父亲也叫亚当·斯密，是一名律师，也是苏格兰的军法官和寇克卡迪的海关监督人员，在亚当·斯密出生前几个月去世；母亲玛格丽特是法夫郡斯特拉森德利大地主约翰·道格拉斯的女儿，亚当·斯密一生与母亲相依为命，终身未娶。

1723年—1740年间，亚当·斯密在家乡苏格兰求学，在格拉斯哥大学时期，亚当·斯密完成拉丁语、希腊语、数学和伦理学等课程。1740年—1746年间，亚当·斯密赴牛津学院求学，但在牛津他并未获得良好的教育，他唯一收获是大量阅读了许多格拉斯哥大学缺乏的书籍。1750年后，亚当·斯密在格拉斯哥大学不仅担任过逻辑学和道德哲学教授，还兼负责学校行政事务，一直到1764年离开。这时期，亚当·斯密于1759年出版的《道德情操论》获得学术界极高评价。而后于1768年开始着手著述《国民财富的性质和原因的研究》（简称《国富论》）。1773年，《国富论》已基本完成，但亚当·斯密又多花了三年时间来润色此书。1776年3月此书出版后引起大众广泛的讨论，影响范围除了英国本地，还波及至整个欧洲大陆甚至美洲，因此世人尊称亚当·斯密为"现代经济学之父"和"自由企业的守护神"。

1778年—1790年间亚当·斯密与母亲和阿姨到爱丁堡定居，1784年斯密出席格拉斯哥大学校长任命仪式。因亚当·斯密之母一直病重，所以直到1787年亚当·斯密才前去就任，担任校长职位至1789年。亚当·斯密在去世前将自己的手稿全数销毁，于1790年7月17日与世长辞，享年67岁。

亚当·斯密并不是经济学说的最早开拓者，他最著名的思想中有许多观点也并非新颖独特，但是他却是提出全面系统的经济学说的第一人，为该领域的发展打下了良好的基础。因此完全可以说《国富论》是现代政治经济学研究的起点。

二、亚当·斯密的劳动价值论思想

在人类历史上，亚当·斯密是为数不多的得到广泛赞誉的经济学家。亚当·斯密在其名著《国民财富的性质和原因的研究》中系统地探讨了劳动价值论，并在劳动价值理论的基础上发展了自己相当完备的价格理论。在经济学说史上，亚当·斯密旗帜鲜明地宣称任何一个生产部门的劳动都是国民财富的源泉。

鉴于亚当·斯密研究的对象是资本主义生产，因而在他的分析逻辑框架中，国民财富主要是指商品，并以商品为出发点，将商品生产与劳动紧密联系起来。

在《国富论》中，斯密从研究分工、交换和货币入手，既而进入到研究商品交换的基础（或价值尺度），开始了他的价值学说的论述。他首先区分了商品的使用价值和交换价值，并进一步说明了一种商品的使用价值和交换价值在量上是不同的。他说："价值一词有两个不同的意义。它有时表示特定物品的效用，有时又表示由于占有某物而取得的对于他种货物的购买力。前者可叫作使用价值，后者可叫作交换价值。"明确区分这两个概念是亚当·斯密的功绩。

然而，因为他对商品的本质缺乏深入的、正确的理解，对商品是使用价值和交换价值的对立统一体也缺乏充分的、合理的理解，所以他无法从辩证统一的角度分析商品的使用价值和交换价值，只是简单地将精力集中于探讨交换价值，却将使用价值撇开。他还提出："为要探讨支配商品交换价值的原则，我将努力阐明以下三点：

第一，什么是交换价值的真实尺度？换言之，构成一切商品真实价格的究竟是什么？

第二，构成真实价格的各部分，究竟是什么？

第三，什么情况使上述价格的某些部分或全部，有时高于其自然价格或普通价格，有时又低于其自然价格或普通价格？换言之，使商品市场价格或实际价格，有时不能与其自然价格恰相一致的原因何在？"

在论述第一个问题时，他首先从商品交换开始论述。他说："一个人占有某货物，但不愿自己消费，而愿用他物交换，对他来说，这货物的价值，等于他能购买或能支配的劳动量。因此劳动是衡量一切商品交换价值的真实尺度。"这里的劳动实际上是指购买的劳动，也即交换得到的劳动。接着他又从商品生产上来论述商品的价值，他说："任何一个物品的真实价格，即要取得这物品实际上所付出的代价，乃是获得它的辛苦和麻烦。"这里的"辛苦和麻烦"指的是生产商品所耗费的劳动。然后他又将两者统一起来。他认为两者是等价的，他说："以货币或货物购买物品，就是用劳动购买，正如我们用自己的劳动取得一样。此等货币或货物，使我们能够免除相当的劳动。他们含有一定劳动量的价值，我们用以交换其他当时被认为有同量劳动价值的物品。"也就是说，货币或货物，含有一定的劳动，这是指生产耗费劳动，同时货币或货物又可以购买同量的劳动，从而使自己免除相当的劳动，这是指购买的劳动。因此在货币和货物中，体现了两种劳动：一种是生产耗费劳动，另一种是购买的同量的劳动，这两种劳动是等价的，是无区别的。这也就是商品交换的基础（或价值尺度）。

在论述第二个问题时，斯密实际上从分配方面论述了商品的价值，他把历史分为两个不同阶段——"资本积累和土地私有尚未发生之前的野蛮社会"和"资本积累和土地私有发生之后的社会"。他说："在资本积累和土地私有尚未发生之前的野蛮社会，获取各种物品所需要的劳动量之间的比例，似乎是各种物品相互交换的唯一标准。"又说："在这种社会状态下，劳动的全部生产物都属于劳动者自己。一种物品通常应可购换或支配的劳动量，只由取得或生产这种物品一般所需要的劳动量来决定。"也就是说，只有当劳动私有时，生产耗费的劳动所生产的价值才会都分配给劳动者，劳动者可以用它来购买相同的劳动量。当资本累积和土地私有产生后，他说："所以，劳动者对原材料增加的价值，在这种情况下，就分为两个部分，其中一部分支付劳动者的工资，另一部分支付雇主的利润，来报酬他垫付原材料和工资的那全部资本。""劳动者要采集这些自然产物，就必须付出代价，取得准许采取的权力；他必须把他所生产或所采集的产物的一部分交给地主。这一部分，或者说，这一部分的代价，便构成土地的地租。"在这种状态下，生产耗费的劳动所创造的价值就不仅要分配给劳动者，还要分配给资本、地主。这时如果仍从生产方面和交换方面来考虑，斯密说："必须指出，这三个组成部分各自的真实价值，由各自所能购买或所能支配的劳动量来衡量。劳动不仅衡量价格中分解成为劳动的那一部分的价值，而且衡量价格中分解成为地租和利润的那些部分的价值。"这里从生产方面来看，商品的价值仍等于生产耗费的劳动；从交换方面来看，商品价值就由分配后的三个组成部分所能购买的劳动的总和。

在对第三个问题的论述时，他指出："每一个商品的市场价格，都受支配于它的实际供售量，和愿支付它的自然价格（或者说愿支付它出售前所必须支付的劳动工资和利润的全部价值）的人的需要量，这两者的比例。"他还进一步论述商品价格会影响商品的供给，并最终使得供给等于有效需求。因此他得出结论："这样，自然价格可以说是中心价格，一切商品价格都不断受其吸引。各种意外的事件，固然有时会把商品价格抬高到这个中心价格之上，有时会把商品价格强抑到这中心价格以下。可是，尽管有各种障碍使得商品价格不能固定在这个固定中心，但商品价格时时刻刻都向着这个中心。"从以上可以看出，撇开使用价值后，斯密的价值学说体系在逻辑上是完整的、严密的。

然而马克思主义政治经济学对其则持批判态度。马克思主义政治经济学对它的批评主要集中在两点。第一点，马克思主义政治经济学家认为，斯密的劳动决定价值的论述中出现了二重观点。他们认为，商品的价值只由生产所耗费的劳动决定，而不是斯密所说的商品的价值既由生产所耗费的劳动决定，又由购买的劳动决定；斯密没有从交换价值中抽象出价值，混淆了价值与交换价值，生产耗费的劳动为价值，而购买的劳动为使用价值。但他们同时认为这两种劳动量是完全相等的。

总而言之，尽管亚当·斯密对价值问题做了一个较为系统的论述，但是由于局限性使得他没有建立一个前后逻辑一致的、分析一致的、科学的劳动价值理论。但是，毋庸置疑的是，亚当·斯密所确认的生产所需要的劳动量与商品价值之间的直接关系，却富有科学含义。所以，亚当·斯密在发展古典政治经济学劳动价值理论方面，确确实实做出了不可磨灭的贡献。

第三节 大卫·李嘉图：劳动价值论的集大成者

一、大卫·李嘉图颇为神奇的人生

大卫·李嘉图是古典政治经济学理论的完成者，作为古典学派的最后一名代表，他颇具影响力。李嘉图出生于伦敦的一个犹太移民家庭，在十七个孩子中排行第三。14岁时，他跟随父亲进入伦敦证券交易所学习金融运作，为将来在股票和房地产市场的成功奠定了基础。21岁时，李嘉图拒绝了家庭的正统犹太教信仰，与贵格会信徒普丽拉·安妮·威尔金森私奔，导致他与近亲疏远。因此，他的母亲从此再没有与他交谈过。差不多同时,他成为了一个神论派信徒。1799年的一次乡村度假里,他阅读了亚当·斯密的《国富论》,这是他第一次接触经济学,由此对这个学科产生了兴趣。37岁的时候他完成了第一篇经济学论文,10年后他在这一领域获得了极高的声誉。李嘉图在证券交易所的工作使他非常富有,并让他在42岁时选择了退休。1819年,李嘉图在英国议会上院购买了一个代表爱尔兰的席位,他占据这个席位直到去世。作为议员,李嘉图支持自由贸易和废除旨在保护英国国内农业的《谷物法》。李嘉图的密友詹姆斯·穆勒对其政治雄心和经济学论文写作很支持。他还有许多知名友人,包括马尔萨斯,他们常在协会里辩论诸如地主的社会角色之类的问题。他也是伦敦知识分子圈子里的成员,后来成为马尔萨斯政治经济学俱乐部和国王俱乐部会员。1823年9月11日,李嘉图因为一只耳朵的感染而去世,年仅51岁。

李嘉图以边沁的功利主义为出发点,建立起了以劳动价值论为基础、以分配论为中心的理论体系。他继承了斯密理论中的科学因素,坚持商品价值由生产中所耗费的劳动决定的原理,并批评了斯密价值论中的错误。他提出决定价值的劳动是社会必要劳动,决定商品价值的不仅有活劳动,还有投在生产资料中的劳动。他认为全部价值由劳动产生，并在三个阶级间分配：工资由工人的必要生活资料的价值决定，利润是工资以上的余额，地租是工资和利润以上的余额。由此说明了工资和利润、利润和地租的对立，从而实际上揭示了无产阶级和资产阶级、资产阶级和地主阶级之间的对立。他还论述了货币流通量的规律、对外贸易中的比较成本学说等。但他把资本主义制度看作永恒的，只注重经济范畴的数量关系；在方法论上又有形而上学的缺陷，因而不能在价值规律基础上说明资本和劳动的交换、等量资本获等量利润等，这两大难题最终导致李嘉图理论体系的解体。他的理论达到资产阶级界限内的高峰，对后来的经济思想有重大影响。

李嘉图不是一个坐在书斋里搞学问的人，相反，他是个活跃的社会活动家，是个活跃的议员，整天为经济政策和政治问题忙碌着。

李嘉图与同样是经济学家的穆勒关系很要好，友谊很深厚。正是在穆勒的再三催促下，李嘉图开始竞选国会议员，并于1819年2月当选。也是在穆勒的帮助下，他完成了自己的名著《政治经济学及赋税原理》，这本书于1817年4月出版。李嘉图相当自负，他说，他的观点和大权威亚当·斯密及马尔萨斯不同，在英国，能读懂他的书的人，不会超过25个人。但不管人们是否读懂，反正他已经大大地有名了，他一举成为当时最著名的经济学家。

与另一位大经济学家马尔萨斯的论战，也是李嘉图学术上迅速成熟的一个助推器。他们两人几乎在每件事上都有争执，讨论无休无止，直至李嘉图去世为止。李嘉图在给马尔萨斯的最后一封信里说："像别的争论者一样，经过了多次讨论之后，我们依然各持己见，相持不下，然而这些讨论丝毫没有影响我们的友谊；即使您同意了我的意见，我对您的敬爱也不会比今天少。"

二、大卫·李嘉图的学术思想

（一）价值理论

李嘉图的经济学理论的基础是劳动价值论，他的价值理论最核心的一句话就是："商品的价值……取决于其生产所必需的相对劳动量。"根据这个理论，他认为，劳动的价值（工资）是一定社会中为维持工人生活并延续其后代通常所必需的生产资料决定的，而利润则决定于工资。在所有这些分析中，我们看不到供给与需求的作用，一切都是某种神秘的因素所决定的。

不过，聪明的李嘉图早就意识到了这种价值理论的内在矛盾，他自己曾经犯过嘀咕："我不能克服这样的困难——在地窖里贮藏了三四年的酒，或最初在劳动方面花费了也许还不到2先令，后来却值100镑的橡树。"后来，人们用水与钻石来概括李嘉图等古典经济学家所面临的"价值悖论"：水对人极端重要，是生命的支柱，但在通常情况下，价格却很低；而钻石是奢侈品，对于人的生存而言没有任何用处，通常情况下价格却很高，为什么？

李嘉图始终没有能够解决这个难题。到了19世纪70年代，边际主义兴起，经济学家才能够解答这一问题。答案很简单：价值只能来自个体消费者的主观评估。我可能花了30年时间研究一种东西，但拿到市场上却没有一个消费者问津，那么，它就没有任何经济价值，不管我在这上面投入了多少劳动。商品和服务的价值是消费者评估的结果，商品和服务的相对价格是由消费者对这些产品的评估和需求的水平和强度所决定的。

（二）赋税理论

大卫·李嘉图在赋税理论方面有很多独到的见解，关于赋税来源，根据劳动价值理论，大卫·李嘉图认为税收来自劳动产品的价值，税收的来源有两个方面：资本和收入。如果税收的征收使得人们增加生产或减少消费，那么税收来源于收入；如人们没有增加生产或减少消费，则税收是来源于资本。

关于税收原则，大卫·李嘉图认为社会的一切收入都应该征税，人们应该按自己的财力来负担税收，政府的税收只要负担合理，至于落在哪项收入上面是无关紧要的。为了公平地征收税收，应该建立以工资税、利润税和农产品税组成的税收制度。税收具有妨碍生产和耕种的通病，会给生产带来负担。因此，大卫·李嘉图认为最好的财政计划就是节流，最好的赋税就是税额最少的赋税。

关于赋税对经济的影响，大卫·李嘉图认为主要包括三个方面：

第一，赋税对资本主义生产的影响。大卫·李嘉图认为，税收不是来自资本，就是来自收入，因而从总体上看，税收不利于资本主义生产的发展，来自资本的赋税比来自收入的赋税对生产更有害。如果赋税落在资本上，人民原来决定用在生产性消费上的基金将会因此受到损失。李嘉图在阐述税收对经济的影响时，还指出赋税会造成利润率下降，从而导致资本转移的倾向。他还认为，如果征税不具有普遍性，对某些行业征收某种税，而对另一些行业不征税，同样会引起资本的转移。他认为，为了减轻赋税对生产的不利影响，就要避免对资本课税，而尽量征收弊病最小的均等收入税和奢侈品税。

第二，赋税对价格的影响。李嘉图认为课税往往使商品价格呈上升趋势，赋税可以改变商品间原来的价格比例关系。

第三，赋税对经济的其他影响。李嘉图认为，税收可以通过改变利润水平来影响产品供求；税收还可以通过改变国民的收入投向，变个人所得为政府收入，引导资源配置；税收可以通过减少资本，减少劳动的实际需求，从而减少工人的就业机会；税收可以通过出口退税，进口课税，发展对外贸易，促进本国经济发展。

（三）比较优势理论

大卫·李嘉图继承和发展了亚当·斯密创立的劳动价值理论，并以此作为建立比较优势理论的理论基础。在分析论述比较优势理论中，李嘉图赋予劳动以重要的地位，他在

《政治经济学及赋税原理》中开宗明义地指出:"一件商品的价值,或曰用以与之交换的任何其他商品的数量,取决于生产此件商品所必需的相对劳动量。"进而,他也像斯密一样,将价值区分为"使用价值"和"交换价值",指出"有用性不是衡量交换价值的标准",认为"商品的交换价值以及决定商品交换价值的法则,即决定为了交换他种商品必须付出多少此种商品的规律,全然取决于在这些商品上所付出的相对劳动量"。

国际贸易中各方的利益全然系于国际市场上各类商品的交换价值,即相对价格水平。在李嘉图看来,一国国内各地区、各产业间资本、劳动等各类生产要素的自由流动是利润率均等化的根本原因。但国与国之间的要素流动则势必因各种原因而被强制性地打断,甚至完全不流动。由此,李嘉图断定,正是国际间的这种生产要素的不流动性,决定了"支配一个国家中商品相对价值的法则不能支配两个或更多国家间相互交换的商品的相对价值"。正好比"葡萄牙用多少葡萄酒来交换英国的毛呢,不是由各自生产上所用的劳动量决定的"一样。或者说,各类生产要素在国际间完全不流动,打断了国际间利润率均等化的进程,因而使一国能够比较稳定地保持在某种商品生产上的比较优势地位。

既然诸多原因决定了同一种商品在不同的国家其相对价值各异，那就给各国参与国际贸易获取贸易利益留下了可利用的空间。然而此处的前提必须是各国都能找准自己同他国比较的有利之处，即确定它们各自的比较优势。

（四）工资理论

李嘉图认为，从长期来看，价格反映了生产成本，可称之为"自然价格"。自然价格中的人力成本，是劳动者维持生计所需的花费。如果工资反映人力成本的话，那么工资必须保持在可以维生的水平。然而，由于经济的发展，工资水平会高于勉强维生的水平。劳动者维持自身生活以及供养家庭的能力，不应取决于其工资的货币数量，而应取决于这笔货币所能购买的实物和必需品的数量，即货币的实际购买力。这也引出了相对工资的含义，即能购买的食物和必需品的数量。

（五）利润理论

李嘉图认为，实际工资的增加会导致实际利润的降低，因为货物销售的毛利可分为工资和净利两个部分。在论文《论利润》中李嘉图写道："利润取决于工资的高低，工资取决于生活必需品的价格,生活必需品的价格取决于食品的价格。"一个与李嘉图有关的思想是"李嘉图等式":在某种情况下一个政府应该如何支付其开销(即税收,发行债券或财政赤字)的选择对于经济没有影响。讽刺的是,尽管这个思想被冠以其大名,他本人似乎并不相信这个理论。

三、大卫·李嘉图的劳动价值论思想

(一)两种类型商品的价值决定

李嘉图把商品分为两大类,第一类商品极为稀缺,比如极其不容易获得的名家书画、古代书籍、古代钱币以及不常见的雕像等,这些商品的数量不能由人类劳动增加它们的数量,以至于这些商品的交换价值只能由它们的稀缺性决定,从而它们的价值不能由于供给的增加而降低。但是这些稀缺的商品在商品的集合中只占很少的一部分,因而由稀缺性决定价值的商品只是极少数。第二类商品的价值决定于劳动时间,并且随着社会必要劳动时间的增加,这部分商品的价值会相应地增大。在李嘉图看来,这部分商品在整个商品集合中占据大多数,并且也是他研究的主要对象,正如他所指出的:"说到商品、商品的交换价值以及规定商品相对价格的规律时,我们总是指数量可以由人类劳动增加,生产可以不受限制地进行竞争的商品。"李嘉图认为,对于可以由人类劳动增加其数量的商品,它们的价值取决于生产它们所耗费的劳动,也就是说劳动量是这部分商品的价值尺度;进一步李嘉图强调,正是耗费在每一件商品上的劳动成为了商品实在价值的尺度,而商品的交换价值则是由实在价值调节的,即由耗费的劳动量来调节。

(二)价值与交换价值的分离

在用劳动分析商品价值时,李嘉图尝试着将价值从交换价值中分离出来,相对价值是李嘉图的价值理论体系中使用较频繁的概念,李嘉图对该概念赋予了不同的含义:一是真正意义上的价值,也就是由劳动时间决定的交换价值,李嘉图还把它称之为绝对价值、实在价值、真实价值和价值一般;二是比较价值,也就是名副其实的交换价值。在李嘉图看来,交换价值的意义是指"一件商品所具有的能够换取另一商品的任何某一定量的力量"。而对于绝对价值而言,耗费的劳动量的大小是其价值变动的唯一成因,即"衡量一种商品的贵贱,除了为取得这种商品而作出的劳动的牺牲以外,我不知道还有什么别的标准。任何东西原来都是用劳动购买的，没有它，就没有一样具有价值的东西能够生产出来"①。由此可见，李嘉图初次将价值和交换价值区分开来。

（三）劳动量与商品价值量的关系

依据李嘉图的价值理论，劳动决定商品价值。在此基础上，李嘉图较为全面地分析了劳动量与商品价值量的各种关系。一是价值量与劳动量的正比例关系，李嘉图指出，投入商品生产中的劳动量增加，就会使得商品价值量增大；劳动量减少，就会使得价值量减少，即"商品的价值与投入它们的劳动量成正比"。二是价值量与劳动生产率的反比例关系，李嘉图认为，一旦劳动生产率发生变化，那么商品的价值量也会发生相应的变化。具体而言，如果劳动生产率提高，会使得单位商品中包含的劳动量减少，从而就会导致价值下降；相反，如果劳动生产率下降，会使得单位商品中包含的劳动力增加，从而就会导致价值上升。

（四）价值量与社会必要劳动时间

劳动价值论赋予了劳动成为商品价值的决定因素，但究竟是哪种类型的劳动决定商品价值呢？对此，李嘉图给予了旗帜鲜明的论证。李嘉图认为，决定商品价值的劳动虽然

---

① 斯拉法：《李嘉图著作和通信集》，商务印书馆1980年版，第371页。

是耗费劳动，但并不是任何一种生产商品时的具体的劳动耗费，而是指必要的劳动。他在文章中提到，"一切商品，不论是工业制造品、矿产品还是土地产品，规定其交换价值的永远不是在极为有利、并为具有特种生产设施的人所独有的条件下进行生产时已感够用的较小量劳动，而是不享有这种便利的人进行生产时所必须投入的较大量劳动；也就是由那些要继续在最不利的条件下进行生产的人所必须投入的较大量劳动。这里所说的最不利条件，是指所需的产量使人们不得不在其进行生产的最不利条件。"由此可以看出，李嘉图已经认识到商品的价值量取决于生产该种商品所需要的社会必要劳动时间，只不过是在他的分析框架中，他将在最坏条件下生产一种商品所耗费的劳动视作社会必要劳动。

（五）直接劳动与间接劳动的区分

在分析价值形成的过程中，李嘉图区分了直接劳动与间接劳动。李嘉图以袜子的生产为例，指出袜子所包含的价值中，一方面包括织袜工人的直接劳动，另一方面还包括其他工人（如纺纱、制织袜机等工人）的间接劳动。李嘉图说："生产出来的商品的交换价值与投在它们生产上的劳动成比例，这里所谓劳动不仅是指投在商品的直接生产过程中的劳动,而且也包括投在实现该种劳动所需要的一切器具或机器上的劳动。"①这充分表明,李嘉图的价值理论指出商品价值包括工人直接劳动(或者活劳动)创造的新价值和由间接劳动(或者物化劳动)所体现的旧价值。同时,李嘉图还清楚地强调,只有工人新加入的活劳动才创造新价值,机器等生产资料本身不创造新价值;但是,颇为遗憾的是,李嘉图没有系统地说明新价值的创造和旧价值的转移是如何同步进行的。

(六)李嘉图劳动价值论的缺陷和矛盾

李嘉图劳动价值论的主要贡献就是将生产商品的劳动看作是价值的唯一源泉。但是,李嘉图没有深入研究劳动的性质,而仅仅关注于价值论的分析。由于李嘉图没有充分认识到价值的社会关系属性,因此他的理论体系存在许多矛盾,并最终导致了李嘉图理论体系的解体。

第一个困难是资本和劳动的交换如何同"价值规律"相符合。如果资本与劳动的交换是按照价值规律进行的等价交换,那么,工人的工资应该等于他在生产中创造的新价值,

---

① 大卫·李嘉图:《政治经济学及赋税原理》,华夏出版社2005年版,第10页。

这意味着资本家的利润等于零；如果工人的工资小于他在生产中创造的新价值，二者的差额即利润得到了说明，但资本与劳动的交换就不是按照价值规律进行的等价交换了。李嘉图之所以不能解决这个矛盾，根本的原因在于李嘉图不能区分劳动和劳动力。

第二个困难是等量资本获得等量利润。这一困难的深层次含义是，要说明在资本有机构成不同的情况下，为什么等量资本一般都能获得等量利润。很显然，在资本有机构成相同的情况下，或者在可变资本即工资的比例相同的情况下，按照劳动价值理论，等量资本获得等量利润是与价值规律相一致的。但是，如果可变资本即工资的比例不一样，在等量资本中劳动创造的价值会发生差别，从而等量资本所获得的利润量也会出现差别，等量资本就不应该获得等量利润。李嘉图认识到，在资本有机构成不同时，在商品价格不变的情况下，工资的涨落必然使等量资本无法获得等量的利润，而要使得等量资本得到等量利润，工资变动必然引起商品相对价值的变动。可惜的是，李嘉图由于没有把价值和生产价格区分开来，从而无法解决这个矛盾。

第三章　走近马克思

　　深入了解马克思劳动价值论，一个必要的前提就是走近马克思。作为全世界无产阶级的伟大导师，马克思光辉伟大的一生与无产阶级革命紧密相连。马克思的治学精神非常严谨，精益求精，努力创新，对以往的理论批判吸收，不断为全世界劳动者的革命实践提供思想指引。在著书立说、投身革命实践的过程中，马克思结识了恩格斯，并与恩格斯结下了革命友谊，并一起领导全世界无产阶级为实现社会主义和共产主义而开展的革命运动，最终成为了无产阶级的精神领袖。马克思知识渊博，在哲学、经济学、政治学、社会学等领域都颇有见地，博大精深的学术思想不仅构筑了马克思主义理论大厦，还为后来人的学习、研究提供了理论营养。

第一节　马克思：全世界无产阶级的伟大导师

一、马克思光辉伟大的一生

卡尔·亨利希·马克思，是全世界无产阶级的伟大导师、科学社会主义的创始人。他是伟大的政治家、哲学家、经济学家、革命理论家。他的主要著作有《资本论》、《共产党宣言》。他是无产阶级的精神领袖，是当代共产主义运动的先驱。马克思最广为人知的哲学理论是他对于人类历史进程中阶级斗争的分析。他认为几千年以来，人类发展史上最大的矛盾与问题就在于不同阶级之间的利益争夺。依据历史唯物论，马克思曾大胆地假设，资本主义终将被共产主义所取代。

马克思对哲学的最大贡献是将实践概念引入哲学，使哲学同现代无产阶级（工人阶级）的解放联系起来了，将这个哲学彻底运用于社会历史领域导致了唯物史观的产生，在唯物史观的指导下，马克思分析和研究了资本主义社会的经济基础从而发现了剩余价值，指出无产阶级同资产阶级的阶级斗争必然导致无产阶级专政，而这个专政又是从资本主义到共产主义的过渡、演变中得来。

他一生著述颇丰，主要著作有《共产党宣言》（1848年）、《资本论（第一卷）》（1867年）等；他的一些著作是与其挚友、同为德国革命社会主义者弗里德里希·恩格斯共同完成的。马克思的一生是伟大光辉的一生。他和恩格斯共同创立的科学社会主义，是指引全世界劳动人民为实现社会主义和共产主义伟大理想而进行斗争的理论武器和行动指南。

1818年5月5日，马克思出生在德意志联邦普鲁士王国莱茵省特利尔城的一个律师家庭。1830年10月马克思进入特里尔中学，中学毕业后进入波恩大学，18岁后转学到柏林大学学习法律，但他大部分的学习焦点却摆在哲学和历史上。1841年马克思以论文《德谟克利特的自然哲学和伊壁鸠鲁的自然哲学之区别》申请学位，并因得到委员会一致认可，未经进一步答辩而顺利获得耶拿大学哲学博士学位，毕业后担任《莱茵报》主编。后因马克思在《莱茵报》上就"林木盗窃问题"发表了不利于普鲁士政府的言论，使得该报被普鲁士政府查封。随后马克思在报纸上发表了抨击俄国沙皇的文章,这导致他与妻子燕妮被流放到巴黎。后来,他开始着手研究政治经济学,并最终成为了一名社会主义者。由于马克思鲜明的阶级立场,普鲁士政府极不喜欢他,使他被多国政府驱逐。马克思一生命运多舛,最终于1883年3月14日在伦敦寓所去世,后与燕妮合葬于伦敦北郊的海格特公墓内。

二、马克思严谨的治学精神

马克思作为马克思主义的创始人,不仅以自己的毕生心血为人类留下了一座巨大的思想理论宝库,同时也在治学方面为人们树立了光辉榜样。

马克思一生四次被反动政府驱逐,最后在英国伦敦定居。他在伦敦最初的十年间,度过了一生中生活最艰难的时期。然而马克思没有被苦难所压倒,他几乎每天在大英博物馆刚开门时准时到达那里,如饥似渴地进行学习和研究,直至晚上博物馆闭馆。

马克思积累了非常渊博的知识,他的知识领域包括哲学、经济学、法学、宗教学、逻辑学、美学、政治学、文学、史学、语言学、翻译学、工商业实践,甚至还触及数学、自然科学等。他能阅读欧洲许多国家(据说多达二十种）的文字，能用德、法、英三种文字写作。

马克思著作之丰，充分表现了他的勤奋精神和渊博学识。他同恩格斯合著的《马克思恩格斯全集》约160多卷，如此巨大的思想理论财富怎能不令人肃然起敬！勤奋使马克思获取渊博的知识，而渊博的知识又是马克思治学的基础。

马克思具有伟大的创新精神，而这种创新精神同他对人类文化遗产的批判继承紧密结合在一起。马克思主义的三个组成部分，都是批判继承与理论创新相结合的典范。马克思在青年时期曾经是狂热的黑格尔的信徒，在他发现黑格尔哲学体系中的矛盾之后，勇敢地提出质疑，并深入研究。最终马克思批判了黑格尔哲学中的唯心主义体系，吸取了他的辩证法的"合理内核"，批判了费尔巴哈唯物主义的唯心史观，吸收了他的唯物主义"基本内核"，并创立了马克思主义哲学。马克思主义的另外两个主要组成部分（政治经济学和科学社会主义）也都是他在批判地继承前人优秀成果的基础上创立的。黑格尔、费尔巴哈、亚当·斯密、大卫·李嘉图、圣西门、傅立叶、欧文等人都是思想理论界的权威，如果马克思迷信理论权威，没有敢于"站在巨人的肩膀上"的勇气，没有敢于创新的意识，他就不可能创立马克思主义。

马克思为了把最好的研究成果献给工人阶级，他总是以极其严谨的态度，反复推敲、修改自己的作品。他曾说："我还有这样一个特点：要是隔一个月重看自己所写的一些东西，就会感到不满意，于是又得全部改写。"

马克思为写作《资本论》付出了极其艰苦的劳动，曾多次修改手稿。拉法格曾回忆说："马克思对待著作的责任心，并不下于他对待科学那样严格。他不仅从不引证一件他还未十分确定的事实，而且在他尚未彻底研究好一个问题时，他决不谈论这个问题。他决不出版一本没有经过他仔细加工和认真琢磨过的作品。他不能忍受把未完成的东西公之于众的做法。"

1867年9月14日，《资本论》第一卷在汉堡正式出版，其余各卷在马克思1883年逝世以后由恩格斯整理出版。《资本论》是马克思用毕生的心血写成的一部经典巨著，是马克思"整个一生科学研究的成果"，它凝聚着马克思的全部心血和智慧，是他献给全世界无产阶级的一部最重要的科学文献。它在世界各国广泛流传。

马克思严谨治学的精神是人类的崇高品质和优良传统，无论在过去、现在和将来都是我们需要的。

三、与恩格斯的革命友谊

弗里德里希·冯·恩格斯，德国思想家、哲学家、革命家，全世界无产阶级和劳动人民的伟大导师，马克思主义的创始人之一。恩格斯是卡尔·马克思的挚友，被誉为"第二提琴手"，他为马克思从事学术研究提供了大量经济上的支持。在马克思逝世后，将马克思的大量手稿、遗著整理出版，并且成为国际工人运动众望所归的领袖。

1844年9月，恩格斯到访巴黎，两人并肩开始了对科学社会主义的研究，并结成了深厚的友谊。同年9月，与马克思合写《神圣家族》一书，批判黑格尔哲学中的唯心主义，阐述辩证唯物主义和历史唯物主义的一些重要原理。1845年—1846年间两人合著《德意志意识形态》一书，这部著作是对历史唯物主义第一次系统的阐述。1845年，恩格斯写出《英国工人阶级状况》一书，第一次明确地指出无产阶级所处的政治经济地位必然推动它去争取自身的解放；而社会主义只有成为工人阶级的政治斗争目标时才会成为一种政治力量。恩格斯和马克思于1846年初在布鲁塞尔建立了共产主义通讯委员会，同各国的社会主义团体建立联系，宣传科学社会主义。1847年马克思、恩格斯应邀加入德国工人的秘密组织正义者同盟,并积极参加它的改组工作。恩格斯出席同盟在6月召开的第一次代表大会,向大会阐述科学社会主义的基本原理,把旧的同盟改组为共产主义者同盟。1847年12月—1848年1月,马克思和恩格斯合著的《共产党宣言》,第一次公开树起共产主义运动的旗帜,是一个周详的理论和实践的党纲,它的出现标志着马克思主义的诞生。对与恩格斯之间的友谊,马克思作了高度的评价,1866年2月20日在给恩格斯的信中他说:"我们之间的这种友谊是何等的幸福,你要知道,我对任何关系都没有作过这么高的评价。"

恩格斯经常从经济方面对马克思提供慷慨的资助,才使得马克思长期地专心从事科学著述,为写作《资本论》进行广泛深入的经济学研究。恰如列宁所说:"如果不是恩格斯牺牲自己而不断给予资助,马克思不但不能写成《资本论》反而势必会死于贫困。"对恩格斯的无私奉献,马克思非常感动,也十分不安,他在1867年致恩格斯的信中写道:"坦白地向你说,我的良心经常像被梦魇压着一样感到沉重,因为你的卓越才能主要是为了我才浪费在经商上,才让它们荒废,而且还要分担我的一切琐碎的忧患。"马克思的一生多灾多难，每当马克思受到了挫折和打击，思想感情有了悲痛和压抑，恩格斯总时想办法进行抚慰，他已成为马克思一家躲避生活风雨的港湾，马克思一到这个港湾，就显得安静和快乐多了。

1883年3月马克思逝世，恩格斯担负起了整理和出版马克思文献遗稿工作。1885年和1894年先后出版《资本论》第二卷和第三卷，完成了马克思未竟之业。恩格斯和马克思的崇高友谊，为人类树立了光辉的典范，这两位伟人的伟大友谊告诉世人：建立在共同信仰和追求基础之上的友谊，是万古长青，牢不可破的。

四、马克思的影响力

在我们这个时代，对一个受教育的人来说，对马克思和恩格斯的著作有一定程度的了解几乎是不可或缺的……因为经典的马克思主义……已经深刻影响了历史学、社会学、经济学、文化和政治方面的观点；当然也对社会探究的本质产生了影响……无法切实建立在马克思和恩格斯的著作之上也就无法充分与现代思想相协调，同时也在一定程度上将自己排除在当代大多数社会成员自由探讨重要问题的持续辩论之外。

马克思被广泛认为是历史上最有影响力的思想家之一，并且对世界政治及学术思想产生重大影响。同时，他的思想、主张也对19世纪中后期至今的人类社会产生了巨大的影响。马克思传记的作者弗朗西斯·惠恩认为"20世纪的历史是马克思的遗产"，而澳大利亚哲学家彼得·辛格则认为马克思的影响可以与世界上两大主要宗教的建立者耶稣基督和穆罕默德相比。辛格指出，"马克思的观点导致了现代社会学的产生，使历史研究发生转变，并且深刻影响了哲学、文学以及艺术"。斯托克斯认为马克思的观点"使他直到20世纪60年代一直是欧洲和美国知识分子的宠儿"，并且对各种学科产生影响，包括考古学、人类学、媒体研究、政治科学以及戏剧、历史、社会学理论、文化研究、教育学、经济学、地理学、文学批评、美学、批判哲学以及心理学。

此外，马克思的哲学、政治经济学和社会主义理论仍被大部分的共产党视作"指导思想"（如美国共产党、法国共产党、俄罗斯联邦共产党等），还被多数社会民主主义政党视作理论来源之一（如德国社会民主党、英国工党等）。直至今日，信仰马克思主义的人依然遍布世界各地，马克思主义在各国的产业工人、中产阶级和左翼知识分子中拥有很大的影响力。

1999年，由英国剑桥大学文理学院教授及BBC广播公司发起的对"谁是人类纪元第二个千年'第一思想家'"这一问题的全球互联网调查中，马克思超越爱因斯坦成为第一。2005年11月28日，德国电视二台投票评选最伟大的德国人，马克思名列第三位，康拉德·阿登纳和马丁·路德分别位列榜首和次席。

马克思的著作，如《资本论》等都对后世有着重大的影响，其理论至今仍受到大众的重视。近年来，由于西方金融危机等因素的影响，阅读马克思著作和研究其思想的热潮在欧美世界显现，包括特里·伊格尔顿、德里达等在内的西方哲学家纷纷著书对马克思的思想贡献进行肯定，《资本论》等马克思著作也在西方热销。

第二节 马克思博大精深的学术思想

马克思主义是近代最复杂和精深的学说之一。学说的范围包括了政治、哲学、经济、社会等广泛的领域，并且成为后来诸多理论的主要来源之一，全面地学习和了解马克思的学术思想，有助于更真切地体会到马克思主义的博大精深。

一、马克思的哲学思想

德国人的解放就是人的解放。这个解放的头脑是哲学，它的心脏是无产阶级。哲学把无产阶级当作自己的物质武器，同样地，无产阶级也把哲学当作自己的精神武器。

马克思认为哲学是人类思想的解放，也就是说，它是无产阶级挑战社会制度的精神武器。唯有正确的哲学，才能有效带领无产阶级脱离矛盾社会的恶性循环并获得解放。哲学，本身应具有不可被挑战的真理。马克思的哲学追溯到人类的本性：他认为人区别于动物的地方，就在于人可以有效地计划出他们赖以生存的生活数据和生产数据，因此，人一旦进行了有计划的劳动生产，他就同其他动物根本区别开来了；而因为要劳动，人们必须事先结成生产关系以及其他社会关系。人们的劳动生产力制约着他们在其中进行活动的生产方式，而有什么样的生产方式，便有什么样的社会关系。人们的生产方式、社会关系等构成了社会的基本架构，并决定着人们的社会意识。社会意识一旦形成，便反过来成为制约着人的活动的客观力量。

可见社会的发展是建立在劳动人口上的劳动行为，劳动人口造就了自然规律。社会的发展从表面上看像是杂乱无章，其实它同自然界一样也是有内在客观趋势的规律。因此，马克思的哲学普遍被认为偏向无神论和唯物论。

马克思在年轻的时候深受当时德国知名哲学家黑格尔辩证论的影响，也认为万物皆由演变而成。但不同于黑格尔的唯心论点，马克思的思想比较偏向科学化的唯物思考模式。两个论点最大的差异在于对物质与意识的看法，唯心论者认为意识决定物质，换句话说，人的意识决定对物质的看法与解释，人因为意识的改变而改变对物质的定义；而唯物论者则认为，物质决定意识，人在周遭所遇到的事物，决定了人对物质的基本定义，人通过自己的物质实践活动认识世界和改造世界，而人自身也在这种实践活动中得到改造，获得自己的新的质量和素质。

因此，马克思认为世界上大部分的人活在恩格斯所叙述的虚假意识中，这种意识只是由家庭、文化、民族等外在物质因素交错成型的产品。久之便成为社会意识，制约着人的活动的客观力量。但意识会随着外在因素的演变而改变，人类社会就是在类似的思想改变中持续地演化着。就此，马克思把黑格尔的辩证法与自己的唯物论做了个整合，而成就了独树一帜的历史唯物论——相信总有一天，经过演变，人类将因无产阶级思想而彻底解放，完成对人的本质的真正占有，完成从必然王国到自由王国的飞越，而人类的生产模式也随之改变，全人类进入"各尽所能、各取所需"的共产主义社会。

二、马克思的经济思想

在原始积累的历史中，对正在形成的资本家阶级起过推动作用的一切变革，都是历史上划时代的事情；但首要的因素还是大量的人突然被强制地同自己的生存资料分离，被当作不受法律保护的无产者抛向劳动市场，尤其是资产阶级对农业生产者即农民的土地的剥夺，形成全部过程的基础。

一个国家社会的经济，代表着一个国家社会的劳动力。但马克思认为此观点被资本主义给扭曲了，他认为在资本主义的架构下，劳动力已经成为一种消耗性的日用品，传统的商人借由转手买卖赚取商品的差价，而资本家却是靠压榨劳工的方式，降低制造成本来赚取利润。劳工的成本越便宜，资本家的利润也就越高。资本家为了赚取更大的利润，将无所不用其极地降低劳工成本来博取更大的利益。

因此，根据马克思的想法，资本家唯一关心的就是如何用最低成本养活劳工来帮他劳动生产，劳工的待遇自然也就不是资本家会关心的事了。马克思也承认，资本主义下的社会结构是历史上最具生产力的社会结构。但他认为资本主义最大的缺陷在于资本家为了最大化生产力与利润，势必投资更多的金钱与资源用于科技的研发，而劳工的利益也将因为科技的进步而贬低。日后，劳工势必日用品化，进而异化了无产阶级劳工本身的人类特质，成为资本家的人肉机器。根据马克思的历史唯物论，他意识到此现象是一种阶段性的演变，资本主义将物极必反，无产阶级必将因为思想的解放，逐渐取代资产阶级，就有如当初在封建时代末期，资产阶级推翻王室贵族阶级一般。而劳动人口也将成为主角，带动国家经济的发展。

三、马克思的政治思想

在无产阶级和资产阶级的斗争所经历的各个发展阶段里，共产党人始终代表人民群众的利益。因此，在实践方面，共产党人是各国工人政党中最坚决的、始终起推动作用的部分；在理论方面，他们胜过其余的无产阶级群众的地方在于他们了解无产阶级运动的条件、进程和一般结果。旧的国家是一种"以其无处不在的复杂的军事、官僚、宗教和司法机构像蟒蛇似的把活生生的市民社会从四面八方缠绕起来的中央集权国家机器"。

基于对于资本主义的种种分析，马克思认为无产阶级应当团结。一同与马克思的阶级斗争理论紧密相关的，是无产阶级政党理论。在马克思看来，无产阶级的阶级斗争需要由无产阶级的政党来领导，而无产阶级政党则是无产阶级的先锋队。这个党代表着组织、领导和宣传作用。从阶级及阶级斗争的理论出发，马克思认为私有制社会中对立阶级之间的斗争具有不可调和的特点，统治阶级需要以强制性的方法来治理被统治阶级。而这些强制性的方法往往成为统治阶级对被统治阶级的榨取和剥夺之工具。统治阶级为了保持阶级之间的平衡，把阶级关系维持在符合统治阶级利益的秩序和范围之内，就形成了国家和法律。无产阶级要想获得自由解放，就必须团结起来，进行思想革命，以革新包括无产阶级和资产阶级的旧有价值，最终消灭剥削，迈入无阶级的共产主义社会。

四、马克思的阶级斗争思想

"全世界无产者,联合起来!"

代替那存在着阶级和阶级对立的资产阶级旧社会的,将是这样一个联合体,在那里,每个人的自由发展是一切人的自由发展的条件。

马克思认为,在人类历史上,科技的进步提高了劳动生产率,从而剩余生产物增多,使得人类有可能自身实行脑体分工。这种分工一方面大大促进了生产力的发展和文明的进步,使人类从原始社会的野蛮阶段走了出来,进入文明时期;另一方面,脑体分工本身就是最初阶级划分的基础,由于分工和私有制的出现,使垄断精神生产的剥削阶级分子与承担全部体力劳动的劳动阶级处在根本利益相互对抗的关系之中,人类自此进入阶级社会。阶级社会几千年的发展,不过是剥削阶级对劳动人民剥削的程度以及劳动人民对剥削阶级依附的具体方式的变化。

马克思认为,人类历史发展的阶段中,阶级斗争是不可避免的,阶级斗争本身就构成了人类历史发展的一种推动力量。只有联系生产力发展以及由生产力决定的社会关系结构的变化，才能彻底解决阶级斗争的问题。马克思在关于阶级的理论中，特别强调阶级是一个经济范畴——现代阶级关系的产生源于劳动者同自己的生产数据的分离，但阶级一旦产生，又会把阶级利益对立的烙印打在文化、宗教等领域。在这个意义上，阶级有时是一个社会范畴。人类社会的阶级关系从早期的简单走向复杂，然后又走向现代社会的简单化。

马克思指出，讲究功利的资本主义社会必然产生阶级的对立，而和平式的协商办法无法完全解决阶级间的对立。因此，在进入共产主义之前，无产阶级将进行短暂的无产阶级专政，进行多层面的革命，尽一切的可能重新分配社会资源。所以一般认为，马克思并不反对暴力式革命；马克思认为无产者不是被这个资本家剥削，就是被那个资本家剥削，部分人认为无产阶级经过某种方式取得政权之后会转化为有产阶级，但针对于阶级转化的情况他没有提供很好的理论解释。

第四章　马克思的劳动价值论

　　马克思劳动价值论是马克思主义经济学的重要组成部分，马克思继承了亚当·斯密和大卫·李嘉图的劳动价值论的科学合理成分，用辩证法和历史唯物论从根本上改造了以往的劳动价值论，提出了科学的劳动价值论，认为商品具有二重性，指出使用价值是商品的自然属性，价值是商品的社会属性，以及生产商品的劳动具有二重性，商品的价值量由生产这种商品的社会必要劳动时间决定。同时，马克思还论证了劳动价值论的历史性质，并在劳动价值论的基础上科学地创立了剩余价值理论以及后来的利润、平均利润理论，从历史演变的视角指出了随着生产力的发展，资本主义社会的阶级矛盾和这种生产关系对生产力发展的阻碍作用，从而揭示出资本主义生产方式的历史暂时性。

第一节　商品二重性：使用价值和价值

马克思研究资本主义生产方式是从分析商品开始的。在《资本论》第一卷的开篇，马克思明确地指出："资本主义生产方式占统治地位的社会的财富，表现为'庞大的商品堆积'，单个的商品表现为这种财富的元素形式。因此，我们的研究就从分析商品开始。"这说明，马克思将经济分析的出发点指向了客观事物，而不是抽象的概念。由此与以往的资产阶级经济学唯心主义、形而上学的方法论完全不同，而是表现出了以唯物辩证法为表征的科学方法论。正如马克思所强调的："我不是从'概念'出发，因而也不是从'价值概念'出发。我的出发点是劳动产品在现代社会所表现出的最简单的社会形式，这就是'商品'。"可见，要分析资本主义的社会财富的决定，就应该从作为它的元素形式的商品出发。

马克思认为，商品是使用价值和价值的统一体。他这样写道："一个物可以是使用价值而不是价值。在这个物不是以劳动为中介而对人有用的情况下就是这样。例如，空气、处女地、天然草地、野生林等。一个物可以有用，而且是人类劳动产品，但不是商品。谁用自己的产品来满足自己的需要，那么可以说明，他生产的虽然是使用价值，但不是商品。要生产商品，他不仅要生产使用价值，而且要为别人生产使用价值，即生产社会的使用价值。而且这种生产不只是简单地为别人。中世纪农民为封建主生产作为代役租的粮食，为神父生产作为什一税的粮食。但不管是作为代役租的粮食，还是作为什一税的粮食，都并不因为是为别人生产的，就成为商品。要成为商品，产品必须通过交换，转到把它当作使用价值使用的人的手里。最后，没有一个物可以是价值而不是使用物品。如果物没有用，那么其中包含的劳动也就没有用，不能算作劳动，因此不形成价值。"

一、使用价值：商品的自然属性

（一）使用价值的基本定义

商品在人们面前首先表现出来的是一个外界的对象，一个靠自己的属性来满足人的某种需要的物。物品的有用性，即物品能够满足人们某种需要的属性，便是物品的使用价值。如粮食能充饥，衣服能御寒。使用价值是商品的基本属性之一，是交换价值的物质承担者，形成社会财富的物质内容。空气、草原等自然物，以及不是为了交换的劳动产品，没有价值，但有使用价值。任何物品要想成为商品都必须具有可供人类使用的价值；反之，毫无使用价值的物品是不会成为商品的。使用价值是物的自然属性。

使用价值是指物品能够满足人们某种需要的属性。在古典政治经济学出现之前，人们在交换中普遍注意到的是物的使用价值，并且将其与满足人们需要的程度相联系，提出了交换物的"效用"问题。这显然是在离开了市场的社会属性之后，在生产活动中单纯考察使用价值而得出的一个结论。后来这种观点为庸俗经济理论所继承，又进一步提出了"效用递减规律"，也就是将物的"效用"同满足人们需要的程度相联系，使它们之间构成一种函数关系，当人们的需要得到一定满足之后，物相对于人的"效用"就逐渐降低，最终为零，若继续增加即为"负效用"。

使用价值在市场中具有两种基本属性，一是相对于人类而存在的自然属性，这种属性反映了人与自然界的关系。也就是说，自然占有物或劳动产品作为自然界的物质而存在，能够满足人们的某种需要，其使用价值由物的自然属性加以规定。这种自然属性将随着科学技术的不断进步而不断得到开发，而有些则反之。这说明物的使用价值是随着人类物质生产活动方式的不断进步而被不断开发和利用的。如果包含在物中的有用性越多，那么为人类所利用的范围就越广，因而物的使用价值也就越大。二是交换者主观需要上的使用价值。不为交换者主观需要的物品，即使具有使用价值，也很难用于交换。实际上，在市场交换中，使用价值应首先不为占有者所需要，也就是在让渡过程中，使用价值对于占有者来说是作为非使用价值而存在的，而对交换的另一方来说则是作为使用价值而存在的。这是从市场的社会性来考察使用价值的，因而反映了使用价值的社会属性。

所以，使用价值从人和自然界的关系去考察，反映着使用价值的自然属性，这种自然属性在任何历史条件下都存在。使用价值用于交换，则反映了交换者主观需要上的使用价值，它包含着隐藏在其中的社会属性，它由一定的经济条件和社会条件所决定。总之，前者是形成交换的必要条件，而后者则是形成交换的充分条件。

由于生产、交换和消费是人类从事物质生产活动的基本内容，因而物的使用价值最先为人们所注意，正如马克思曾经推测到的："使用物品可能成为交换价值的第一步，就是它作为非使用价值而存在，作为超过它的所有者的直接需要的使用价值量而存在，物本身存在于人之外，因而是可以让渡的。"即使最原始的交换，如果占有物不具有上述两种属性，那么交换也不会发生，因而价值也无从考察。

（二）使用价值的考察：质和量的统一

物品的使用价值可以从质和量两个角度考察。从质上考察，物品的使用价值是由物品的自然属性（比如物理的、化学的、生物学的或几何学的性质）决定的，所以，不同的物品具有不同的使用价值。由于每一种有用物都是许多属性的总和，因此，同一物品可以有多种使用价值，从而有多种用途。例如，在很长的历史时期里，人们只知道用木材做燃料、家具或者建筑材料，可是现在，在科学技术的发展和应用下，木材的用途已经超越了以往的范围。从量上考察，物品的使用价值可以用一定的计量单位来衡量，有自己的度、量、衡，这一方面是由于被计量的物的性质不同，另一方面是由于约定俗成。

二、价值：商品的社会属性

价值是马克思在对交换价值进行分析后得到的一个概念。他先讲交换价值："交换价值首先表现为一种使用价值同另一种使用价值相交换的量的关系或比例,这个比例随着时间和地点的不同而不断改变。因此,交换价值好像是一种偶然的、纯粹相对的东西,也就是说,商品固有的、内在的交换价值似乎是一个形容语的矛盾。"①为了解决这个矛盾,马克思决定"进一步考察这个问题"。马克思先从一种商品的角度来进行考察:"某种一定量的商品,例如一夸特小麦,同x量鞋油或y量绸缎或z量金等等交换,总之,按各种极不相同的比例同别的商品交换。因此,小麦有许多种交换价值,而不是只有一种。既然x量鞋油、y量绸缎、z量金等等都是一夸特小麦的交换价值,那么,x量鞋油、y量绸缎、z量金等等就必定是能够互相代替的或同样大的交换价值。"于是他得出了两个推论:"第一,同一种商品的各种有效的交换价值表示一个等同的东西。第二,交换价值只能是可以与它相区别的某种内容的表现方式,即'表现形式'。"接着,马克思又从两种商品的角度进行了考察:"我们再拿两种商品例如小麦和铁来说。不管二者的交换比例怎样,总是可以用一个等式来表示:一定量的小麦等于若干量的铁,如1夸特小麦=a英担铁。"由这个等式,马克思又得出了一个推论:

---

① 马克思:《资本论(第一卷)》,人民出版社2005年版,第49页。

"它说明在两种不同的物里面,即在1夸特小麦和a英担铁里面,有一种等量的共同的东西。因而这二者都等于第三种东西,后者本身既不是第一种物,也不是第二种物。这样,二者中的每一个只要是交换价值,就必定能化为这第三种东西。"那么,这"第三种东西"是什么呢?

马克思首先排除了商品的天然属性:"这种共同东西不可能是商品的几何的、物理的、化学的或其他的天然属性。商品的物体属性只是就它们使商品有用、从而使商品成为使用价值来说时,才加以考虑。另一方面,商品交换关系的明显特点,正在于抽去商品的使用价值。在商品交换关系中,只要比例适当,一种使用价值就和其他任何一种使用价值完全相等。"而"如果把商品体的使用价值撒开,商品体就只剩下一个属性,即劳动产品这个属性。可是劳动产品在我们手里也已经起了变化。如果我们把劳动产品的使用价值抽去,那么也就是把那些使劳动产品成为使用价值的物体的组成部分和形式抽去。它们不再是桌子、房屋、纱或别的什么有用物。它们的一切可以感觉到的属性都消失了。它们也不再是木匠劳动、瓦匠劳动、纺纱劳动或其他某种一定的生产劳动的产品了。随着劳动产品的有用性质的消失,体现在劳动产品中的各种劳动的有用性质也消失了，因而这些劳动的各种具体形式也消失了。各种劳动不再有什么差别，全都化为相同的人类劳动，即抽象人类劳动"。那么，现在还剩下什么？"它们剩下的只是同一的幽灵般的对象性，只是无差别的人类劳动的单纯凝结，即不管以哪种形式进行的人类劳动力耗费的单纯凝结。这些物现在只是表示，在它们的生产上耗费了人类劳动力，积累了人类劳动。这些物，作为它们共有的这个社会实体的结晶，就是价值——商品价值。"[1]

于是，我们可以得出结论：交换价值是价值的表现形式，而价值的本质就是凝结在商品中的无差别的人类劳动。即"价值本身只不过是对象化在某个物品中的、社会必要的人类劳动的表现"。由此可见，价值体现了商品生产者之间相互比较劳动和交换劳动的社会关系。因而，按照一定量的比例相互交换的不同商品所拥有的共同东西就是价值，它们"量的关系或比例"不过是现象形态而已。一切商品，作为使用价值，它们在质上是不相同的；但是作为价值，它们在质上却是相同的。正是由于一切商品作为价值是相同的，它们才可以相互比较，才能按照一定量的比例关系进行交换。

---

[1] 马克思：《资本论（第一卷）》，人民出版社2005年版，第51页。

可见，价值是交换价值的基础或者内容，是商品的内在属性，交换价值则是价值的表现形式。

三、对立统一：使用价值和价值的关系

商品是使用价值与价值的统一。在商品的二因素中，使用价值和价值之间存在着对立统一的关系。其统一性表现在二者相互依存、互为条件，缺一就不能成为商品。价值的存在以使用价值的存在为前提。没有使用价值的东西，不可能被用来交换，也就不会有价值；使用价值是价值的物质载体，价值寓于使用价值之中。

商品使用价值与价值之间的矛盾性表现在：首先，二者反映不同的关系。使用价值作为商品的自然属性，反映的是人和自然之间的关系，是永恒的范畴；价值作为商品的社会属性，反映的是商品生产者之间的关系，是商品经济特有的范畴。其次，二者具有互相排斥性。对于商品生产者来说，他只有把商品的使用价值让渡给商品购买者才能获得价值。任何人都不可能同时既占有商品的使用价值，又占有商品的价值，二者不能兼得。只有通过交换把商品卖出去，才能使商品生产者实现商品的价值，使消费者得到使用价值，从而

使商品的内在矛盾得解决。

第二节　商品价值量的决定因素

在分析完商品的价值本质之后，马克思谈到了商品价值量的问题："那么，商品的价值量是怎样计量的呢？是用它所包含的'形成价值的实体'即劳动的量来计量。劳动本身的量是用劳动的持续时间来计量，而劳动时间又是用一定的时间单位如小时、日等作尺度。"为了避免误解，马克思进一步写道："可能会有人这样认为，既然商品的价值由生产商品所耗费的劳动量来决定，那么一个人越懒，越不熟练，他的商品就越有价值，因为他制造商品需要花费的时间越多。但是，形成价值实体的劳动是相同的人类劳动，是同一的人类劳动力的耗费。体现在商品世界全部价值中的社会的全部劳动力，在这里是当作一个同一的人类劳动力，虽然它是由无数单个劳动力构成的。每一个这种单个劳动力，同其他单个劳动力一样，都是同一的人类劳动力，只要它具有社会平均劳动力的性质，起着这种社会平均劳动力的作用，从而在商品的生产上只使用平均必要劳动时间或社会必要劳动时间。社会必要劳动时间是在现有的社会正常的生产条件下，在社会平均的劳动熟练程度和劳动强度下制造某种使用价值所需要的劳动时间。例如，在英国采用蒸汽织布机以后，把一定量的纱织成布所需要的劳动可能比过去少一半。实际上，英国的手工织布工人把纱织成布仍旧要用以前那样多的劳动时间，但这时他一小时的个人劳动的产品只代表半小时的社会劳动，因此价值也降到了它以前的一半。"

由此，马克思得出结论："可见，只是社会必要劳动量，或生产使用价值的社会必要劳动时间，决定该使用价值的价值量。在这里，单个商品是当作该种商品的平均样品。因此，含有等量劳动或能在同样劳动时间内生产出来的商品，具有同样的价值量。一种商品的价值同其他任何一种商品的价值的比例，就是生产前者的必要劳动时间同生产后者的必要劳动时间的比例。作为价值，一切商品都只是一定量的凝固的劳动时间。"

接下来，马克思又分析了影响商品价值量变化的因素："如果生产商品所需要的劳动时间不变，商品的价值量也就不变。但是，生产商品所需要的劳动时间随着劳动生产力的每一变动而变动。劳动生产力是由多种情况决定的，其中包括：工人的平均熟练程度，科学的发展水平和它在工艺上应用的程度，生产过程的社会结合，生产资料的规模和效能，以及自然条件。例如，同一劳动量在丰收年表现为8蒲式耳小麦，在歉收年只表现为4蒲式耳。同一劳动量用在富矿比用在贫矿能提供更多的金属等等。金刚石在地壳中是很稀少的，因而发现金刚石平均要花很多劳动时间。因此，很小一块金刚石就代表很多劳动。厄什韦葛说过，到1823年，巴西金刚石矿80年的总产量的价格还赶不上巴西甘蔗种植园或咖啡种植园一年半平均产量的价格，前者代表的劳动要多得多，从而价值也多得多。如果发现富矿，同一劳动量就会表现为更多的金刚石，金刚石的价值就会降低。假如能用不多的劳动把煤转化为金刚石，金刚石的价值就会低于砖的价值。"

经过这样的分析后，马克思得出结论："总之，劳动生产力越高，生产一种物品所需要的劳动时间就越少，凝结在该物品中的劳动量就越小，该物品的价值就越小。相反，劳动生产力越低，生产一种物品的必要劳动时间就越多，该物品的价值就越大。可见，商品的价值量与实现在商品中的劳动的量成正比，与这一劳动的生产力成反比。"[1]

---

[1]马克思：《资本论（第一卷）》，人民出版社2005年版，第53页。

劳动价值论

　　社会必要劳动与社会必要劳动时间是市场经济发挥作用的方式和途径。马克思用"社会必要劳动"和"社会必要劳动时间"这一组范畴，独具特色地说明了他所理解的劳动价值论是如何确定商品的价值，又如何深刻地说明了商品交换中所蕴含的深刻矛盾及解决矛盾的方法的。在马克思看来，形成价值的劳动不是一般的劳动，也不是一般的抽象劳动，而是经过市场的选择被证明是社会所需要的、必要的劳动，因此，决定商品价值量的不是普通的劳动时间，而是社会必要劳动时间。这种界定不但说明了商品交换所依据的量的关系的决定、商品交换的性质，而且说明了价值的实现途径及其所体现的社会关系。它极大地扩展了劳动价值论的理论内涵，把对劳动价值论的理解和运用推到一个相当高的层次。

　　关于商品价值量的决定，也即价格的决定问题，是古典政治经济学一直试图在理论上搞清楚却没能搞清楚的东西。斯密的劳动价值论是双重标准和混乱的；李嘉图的劳动价值论虽然是彻底的，却因为没能说明劳动与资本相交换的关系而彻底破产；在马克思之后，效用价值理论不再从生产的供给方面探讨价值的决定，而是改为从商品的需求，也即商品对消费者效用满足程度的角度探讨价值的决定；但边际效用价值论在号称是一场"革命"之后，在西方经济理论发展史上，也被完全不研究价值的均衡价格理论所取代。

马克思对商品价值量的分析，成为了马克思主义政治经济学的价值规律，即商品的价值量由生产商品的社会必要劳动时间决定；商品交换以价值量为基础，遵守等量社会必要劳动相交换的原则。价格随供求关系变化而围绕价值上下波动，不是对价值规律的否定，而是价值规律的表现形式。

第三节 劳动二重性：具体劳动和抽象劳动

商品之所以具有使用价值和价值两个属性，是由劳动的二重性决定的。生产商品的劳动具有二重属性，即具体劳动和抽象劳动。具体劳动是指生产目的、劳动对象、所用工具、操作方法、生产结果都各不相同的劳动。具体劳动生产了商品的使用价值。抽象劳动是指无差别的一般人类劳动。抽象劳动生产商品的价值。具体劳动和抽象劳动是同一劳动过程形成的相互联系又对立的两个方面。马克思创立了劳动二重性学说，它使资产阶级古典政治经济学家亚当·斯密和大卫·李嘉图等人提出的劳动价值论成为完全科学的价值理论。

劳动二重性理论正确地解释了价值和价值量、价值本质和价值形态，以及商品货币关系，从而创立了剩余价值学说；科学地说明了资本有机构成理论、资本积累理论、社会资本再生产理论等等，它是理解马克思主义政治经济学理论的枢纽。

一、具体劳动

具体劳动与抽象劳动相对，是指生产不同使用价值的不同性质和不同形式的劳动。各种商品的不同使用价值，是由不同的具体劳动生产出来的，如木工做家具，纺织工人纺纱织布等。具体劳动是从劳动的目的、对象、操作方法、劳动资料和劳动结果等方面来区分的。作为生产使用价值的具体劳动，是同人类社会一起存在的，它反映的是人与自然之间的关系。

具体劳动虽然是创造使用价值的劳动，但不是使用价值的唯一源泉，具体劳动和自然物质共同构成使用价值的源泉。正像威廉·配第所说，劳动是财富之父，土地是财富之母。具体劳动创造使用价值，并把生产中消耗掉的生产资料的价值转移到新产品中去。

每一种具体形式的劳动，能够生产出一种特定的产品。每一种特定的产品，能够满足人们一种特定的需要，因而是一种特定的使用价值。从这个角度来看，劳动只是联系到它的有用效果考察的，因而，在这个意义上具体劳动也叫有用劳动。

不同的具体劳动，创造出不同的使用价值。使用价值使商品能够互相区别，从而才需要交换。"各种使用价值如果不包含不同质的有用劳动，就不能作为商品互相对立。"[1]各种有用劳动的质的区别，发展成了一个多支的体系，发展成为社会分工。

无论社会制度如何演变，人类为了生存和发展，总是需要不断地进行劳动，通过改造自然物品，以便生产能够满足人类各种需要的使用价值。显而易见，为了生产各种使用价值，就必须对客观存在的物体施加不同类型的具体形式的劳动。因此，具体劳动是不以一切社会形式为转移的人类生存的永恒条件。

---

[1]马克思：《资本论（第一卷）》，人民出版社2005年版，第55-56页。

二、抽象劳动

抽象劳动是撇开劳动的具体形式的一般人类劳动。生产各种商品的具体劳动，尽管在特殊性质和具体形式上千差万别，但是，它们所创造的各种各样的商品都可以互相比较和交换，这表明在各种不同的具体劳动背后隐藏着某种共同的东西。撇开生产各种商品的劳动的具体形式和有用性质，就会发现，无论是木匠的劳动，还是铁匠的劳动，都不外是人类脑力和体力的消耗，即人类的脑、肌肉、神经、手等方面的生产性耗费，这是一切劳动共有的东西，即一般人类劳动，也就是抽象劳动。

抽象劳动形成商品价值，凝结在商品中的抽象劳动是价值实体。作为价值实体的抽象劳动是劳动的社会属性，它体现着人与人之间的一定社会关系。可见，形成价值的抽象劳动是一个历史范畴。在自然经济社会和未来共产主义社会中，人们的劳动产品不经过交换就可以直接进入消费，人的劳动也就只表现为具体劳动。只有在商品经济条件下，人的劳动才表现为抽象劳动，从而形成价值，采取价值的形式。所以，不存在不形成价值的抽象劳动。

抽象劳动的存在具有客观实在性。"抽象劳动"并不是通过研究者单纯的脑力抽象活动得出的，而是每时每刻都发生在现实交换中的事实，是基于这种事实进行的抽象。只要存在商品交换，抽象劳动就要发生，只不过马克思把这个经常发生的客观事实，用"抽象劳动"这个概念、范畴揭示出来。正如马克思指出的："人们使他们的劳动产品彼此当作价值发生关系，不是因为在他们看来这些物只是同种的人类劳动的物质外壳。恰恰相反，他们在交换中使他们的各种产品作为价值彼此相等，也就使他们的各种劳动作为人类劳动而彼此相等。他们没有意识到这一点，但是他们这样做了。"

三、具体劳动与抽象劳动的关系

具体劳动和抽象劳动之间存在着矛盾统一的关系。一方面，具体劳动和抽象劳动在时间上和空间上是统一的。商品生产者在从事具体劳动的同时也就支出了抽象劳动。具体劳动和抽象劳动不是两次劳动，更不是两种劳动，而是生产商品的同一劳动过程的两个不同的方面。另一方面，具体劳动和抽象劳动又存在差别和矛盾：①具体劳动是从劳动的有用效果来看的劳动，抽象劳动是抽取了劳动的有用性的一般人类劳动；②具体劳动在质上不同，所以在量上不能比较，而抽象劳动在质上相同，只有量的差别；③具体劳动反映的是人与自然的关系，是劳动的自然属性，抽象劳动体现着商品生产者之间的经济关系，是劳动的社会属性，是商品经济特有的历史范畴；④具体劳动是生产使用价值的劳动，但不是使用价值的唯一源泉，抽象劳动是创造价值的劳动，是形成价值的唯一源泉。

具体劳动与抽象劳动的矛盾和使用价值与价值的矛盾相互联系。只有在交换过程中，商品的使用价值转让出去，商品的价值得到实现后，生产商品的具体劳动才能为社会所承认，生产商品的抽象劳动才能被还原，具体劳动与抽象劳动的矛盾才能得到解决。

四、劳动二重性的科学意义

商品之所以具有使用价值和价值这两个因素、两种属性，是因为生产商品的劳动具有二重性，商品二因素由劳动二重性决定的。对此，马克思指出："一切劳动，一方面是人类劳动力在生理学意义上的耗费；就相同的或抽象的人类劳动这个属性来说，它形成商品价值。一切劳动，另一方面是人类劳动力在特殊的有一定目的的形式上的耗费；就具体的有用的劳动这个属性来说，它生产使用价值。"

劳动二重性的发现，彻底揭示出了商品经济的内在矛盾，使劳动价值论奠定在科学的基础上。而且只有依据科学的劳动价值论，才能进一步理解关于资本和剩余价值理论等一系列政治经济学原理和难题。正如马克思所说："商品中包含的劳动的这种二重性，是首先由我批判地证明的。这一点是理解政治经济学的枢纽。"[1]

（一）马克思主义政治经济学的枢纽

劳动二重性理论是马克思的重大贡献，是理解马克思主义政治经济学的枢纽。首先，劳动二重性理论为理解劳动价值论奠定了坚实的基础。在马克思以前，资产阶级古典经济学家也提出过劳动创造价值的理论，但他们没有提出劳动二重性问题，混淆了创造价值和使用价值的劳动，因而无法解释生产商品的劳动各不相同为什么却可以互相比较、商品的价值量是怎么决定的、劳动生产率提高了为什么商品的价值量反而下降了等一系列问题。马克思批判地继承了资产阶级古典经济学的劳动创造价值的理论，第一次把生产商品的劳动区分为具体劳动和抽象劳动，论证了具体劳动创造商品的

---

[1] 马克思：《资本论（第一卷）》，人民出版社2005年版，第54-55页。

使用价值，抽象劳动创造商品的价值，从而在根本上解决了价值的本质问题，把劳动价值论建立在完全科学的基础上。

（二）剩余价值论的理论基础

劳动二重性理论为理解剩余价值论奠定了理论基础。生产商品的劳动区分为具体劳动和抽象劳动以后，就可以把资本主义生产过程区分为劳动过程和价值增殖过程。资本主义生产过程作为劳动过程，工人的具体劳动转移生产资料的价值；作为价值增殖过程，工人的抽象劳动一方面创造了劳动力自身的价值，另一方面也为资本家创造了剩余价值。根据劳动二重性理论，可以把资本区分为不变资本和可变资本。不变资本就是由具体劳动转移的生产资料价值的资本；可变资本就是转化为劳动力并在生产过程中通过抽象劳动能使价值增殖的资本。这就区分了资本的不同部分在价值增殖过程中的不同作用，揭示了剩余价值的真正来源，从而为理解剩余价值论奠定了科学的基础。

（三）政治经济学的其他一系列理论的理论基础

劳动二重性理论为理解政治经济学的其他一系列理论提供了理论基础。由于劳动二重性理论科学地阐明了劳动价值论和剩余价值论，因而从科学的劳动价值论出发，在剩余价值论的基础上，就能够正确地理解政治经济学中的资本有机构成理论、资本积累理论、资本主义再生产理论等等，从而理解马克思主义政治经济学的完整的理论体系。

第四节　价值形式的发展

在商品交换发展的历史过程中，随着商品交换从偶然的行为逐步扩大成为经济生活中的重要环节，商品的价值形式也逐步发展。从简单的、个别的或偶然的价值形式，发展到总和的或扩大的价值形式，再发展到一般价值形式，最后发展到货币形式。令人目眩神迷的货币形式，就是从最不显眼的偶然的价值形式发展过来的。

一、价值实体和价值形式

商品是使用价值和价值的统一。商品的使用价值是实实在在的，是看得见摸得着的。米、布、房屋、自行车等等各种商品体的自然形态，体现着各种不同的使用价值，这是一目了然的。商品的价值实体是物化在商品中的一般人类劳动，与使用价值不同，商品的这种价值实体是看不见摸不着的。即使把一件商品拆得粉碎，也找不到价值的任何影迹。这是因为，价值纯粹是商品的社会属性。价值实体虽然是已经消耗的劳动力即劳动，但并不是任何生产物质产品的劳动都会形成价值。只有当劳动产品成了供交换即供他人使用的商品，物化在商品中的劳动，才需要互相比较，才需要撇开其特殊的有用性质而把它看作无差别的一般人类劳动即抽象劳动。劳动产品转化为商品和消耗在产品生产中的劳动转化为价值，都是特定的社会关系的表现。价值既然纯粹是商品的社会属性，从商品体的自然形态中，当然无法找到它的影踪，而只有从价值关系即商品与商品交换的社会关系中，才能探索它的存在。

当两种商品互相交换，例如商品A与商品B相交换的时候，A、B两种商品就发生了等价关系。在商品交换中，任何一方都不愿吃亏。尽管在每个个别的交换行为中，由于各种各样的原因，交换的一方吃亏、另一方占便宜的事会经常发生，但从整体看，从长期趋势看，商品交换必然是价值量相等的交换。例如，1件上衣同20码麻布相交换，是因为1件上衣和20码麻布在生产中耗费了等量的劳动，具有等量的价值。在这一商品交换关系中，20码麻布是1件上衣的交换价值。上衣的价值从上衣本身虽然看出来了，但它一旦同麻布交换，与麻布发生了价值关系，上衣的价值就可以从麻布上面表现了出来。商品的价值关系表明，价值是交换价值的内容，交换价值是商品价值的形式。在人类历史中，随着商品交换的发展，商品的价值形式也随之变化和发展。

二、价值形式的四个阶段

在人类历史上，自从出现商品交换以来，商品的价值形式已经历了四个发展阶段，有四种不同的表现形式。

（一）简单的、个别的或偶然的价值形式

这种价值形式可用如下的等式来表示：2只羊=1把斧子，或1担谷=1头牛。这是商品交换处于萌芽阶段的价值表现形式。商品交换最初是在原始公社之间发生的。原始部落都处于自给自足的自然经济，由于自然环境不同，生产条件不同，偶尔会发生互相交换余缺产品的行为。例如，内陆的原始人集团拿粮食同沿海的原始人集团交换食盐，平原地区的原始人集团拿牲畜同山区的原始人集团交换石刀石斧。由于原始公社自给有余的产品不多，原始部落之间的这种商品交换，只是偶然现象。所以，一种商品的价值通过交换从另一种

商品上表现出来，也只是偶然发生：1把斧子只是偶然地成为2只羊的交换价值，1头牛只是偶然地成为一担谷的交换价值。

（二）总和的或扩大的价值形式

这种价值形式可用如下的等式来表示：2只羊=1把斧子，或2只羊=1担谷，或2只羊=1包盐，等等。这一价值形式反映了生产力和社会分工有了发展的条件下日益扩大的商品交换关系。在出现了农业和畜牧业的分离以后，尽管畜牧部落和农业部落基本上仍然是自给自足的自然经济，但由于劳动生产率的提高，自给以后可以用来交换的产品已较前增多。交换成为比较经常的事情，交换的范围也扩大了。一种产品已经不是只能偶然地同另一种产品相交换，而是可以同多种产品相交换了。因此，商品的价值表现扩大了它的范围。2只羊的价值，现在有了1把斧子、1担谷、1包盐等一系列的交换价值，即一系列的价值形式。

（三）一般价值形式

这一阶段商品交换的特点，就是出现了表现一切商品价值的一般等价物。前两个阶段的商品交换，都是直接的物物交换。一种商品同另一种商品交换，不借助于任何中介物。而到了第三阶段，一般等价物成了商品交换的中介。一切商品都首先同作为一般等价物的商品发生价值关系，然后借助于一般等价物的中介，完成交换过程。例如，在羊成为一般等价物的情况下，谷物与牛的交换便是通过"1担谷=2只羊=1头牛"的形式来实现的。一般等价物出现以后，一切商品的价值都通过它来表现。千千万万种商品的价值，有了一般的即统一的表现形式，因此称作一般价值形式。

这一形式的出现，是同人类历史发展过的这样一个阶段联系着的：随着手工业同农业的分离，出现了以交换为目的的商品生产。而商品生产要以商品交换的顺畅进行为条件；商品生产者如果不能顺利地把他的产品交换成生产上必需的各种生产资料和生活上必需的各种消费品，就无法进行再生产。直接的物物交换有很大的局限性。交换双方必须恰巧互相需要对方的产品，交换才能进行，而这样的情况是不容易碰到的。一般等价物便是适应商品交换发展的需要，为着克服直接物物交换的困难而产生的。它的出现，经历了一个漫长的历史过程，标志着商品交换的大发展。

（四）货币形式

充当一般等价物的商品往往带有地域性和时间性。在世界各国历史上，羊、布、贝壳、兽皮、公牛等等都曾充当过一般等价物。一般等价物的地域性和不稳定性，限制了商品交换的发展。商品生产和商品交换的发展，必然要突破一般价值形式的这种局限性。在一个很长的历史过程中，随着商品数量的增加和商品交换的发展，一般等价物的职能逐渐固定在贵金属金、银身上。这种稳定地充当一般等价物的金（或银），便是货币。自从出现了货币，一切商品首先同货币相交换，用货币表现自己的价值，从而就出现了价值的货币形式。它是价值形式发展的最高阶段。

三、价值形式发展的意义

价值形式发展的理论是马克思创立的。资产阶级经济学家虽然在他们的著作中曾对货币作了大量的论述，有些人还企图去探索货币的历史起源。但是，由于他们不能透彻地弄清楚劳动价值论，不能从价值关系的角度、从价值形式的发展去考察货币的起源，因而也就不能真正认识货币的本质。斯密在他所著的《国民财富的性质和原因的研究》一书的第一篇第四章中专门考察了货币的起源及用途。他虽然知道在各国历史上曾有各种物品充当过商品交换的媒介，也指出在一切国家里，人们终于都选择金属作为交换的媒介，从而产生了货币。但是，贵金属为什么最终能成为货币，他实际上是用金属不易磨损、易于分割和熔合这些自然属性而不是用商品的价值关系来说明货币的起源。

马克思第一次对价值形式的发展作了历史考察，穷本溯源，揭示出上述这种富于神秘色彩的货币形式，原来就是从最简单、最不显眼的偶然的价值形式发展过来的。通过对价值形式发展的考察，马克思科学地阐明了货币的起源及其本质。在马克思的科学分析面前，商品世界的神秘性，甚至货币的神秘性，都统统被揭穿了。

第五节　商品拜物教性质及其秘密

在以私有制为基础的商品经济中，人与人的社会关系被物与物的关系所掩盖，从而使商品具有一种神秘的属性，似乎它具有决定商品生产者命运的神秘力量。马克思把商品世界的这种神秘性比喻为拜物教，称之为商品拜物教。

一、拜物教的起源

在神灵观念尚未产生以前，一些原始部族把某些特定的物体当作具有超自然能力的活物而加以崇拜。该词源于葡萄牙文的feitio，原义为手工制品。15世纪下半叶，葡萄牙人航海到达非洲西部时，用它指当地原始部族所相信并崇拜的具有魔力的符咒或护符。学者们通常认为，法国历史学家、语言学家德布罗斯于1760年在《论物神崇拜》中首次将拜物教一词用于比较宗教学。法国哲学家孔德认为一般原始宗教的特点均为拜物教，即将非人的物体赋以人的精神特性。英国人类学家泰勒则把上述一般特性称为万物有灵论，而认为拜物教是万物有灵论的一种退化的形态，专指信仰并崇拜体现或依附于某种物体或通过某种物体而发生影响的精灵。

拜物教是原始的宗教，起源于古代。在当时，人们由于生产实践的局限性和科学知识的缺乏，对于自然界的许多事物和现象，如风雨雷电，水火林木，丰歉祸福，无法了解它们的起因、后果和运动规律，往往从宗教世界的幻想中去寻求解释。人们把某些物神化了，把日、月、水、火、雷、电等自然现象，看作是支配人类命运的神，从而加以崇拜，产生了拜物教。其实，物并没有支配人类命运的神秘力量，那种所谓神秘力量，是人们自己想象出来的，只是一种人脑的产物。

拜物教崇拜的对象通常包括人体、物体、神像和护身符等四大类。其中有自然物，如石块、树枝、木片、尸体等，也有人造物，如布片、旧衣服、弓箭之类的武器以及工具等。这些物体常因原始人认为其有灵性和神秘的超自然力量而成为崇拜对象，借以辟邪求福。但若崇拜者感到不灵验时，又常将其舍弃或毁坏。拜物教在古埃及人、希腊人、罗马人中曾广泛流行，至今在某些尚未完全脱离原始状态的居民群落中依然存在。在文明社会中亦还存在对护身符和"圣物"、"圣人"遗骨的崇敬现象。

二、商品拜物教及其发展

（一）商品拜物教起源

在以私有制为基础的商品经济中，人与人的社会关系被物与物的关系所掩盖，从而使商品具有一种神秘的属性，似乎它具有决定商品生产者命运的神秘力量。马克思把商品世界的这种神秘性比喻为拜物教，称之为商品拜物教。在社会现象和社会关系方面，也存在着将这些现象和关系神化的情况。商品关系正是这样的一种社会关系。劳动产品本来是人创造出来的，但它一旦成为商品，人们在商品交换中相互交换活动的社会关系，就被物的运动关系掩盖了。商品在市场上能否卖出去？是否能从商品生产和交换中发财致富？这些不受商品生产者本人控制的市场关系，却对商品生产者的发财或破产起着决定性的作用。当人们还不能从物与物的关系后面揭示出商品交换的社会关系的时候，就必然把商品关系神秘化，从而产生商品拜物教的观念。

由于生产资料私有制使商品生产者相互隔开，他们彼此独立经营，生产处于无政府状态。商品生产者无法精确了解社会的供求状况，社会需要什么、需要多少，他并不清楚；对于他的私人劳动能否得到社会承认，他也是没有把握的。如果在市场上，他能够顺利地通过交换，卖掉自己生产出来的商品，他就实现了价值，他的私人劳动也就得到了社会承认，而且他还能换到别人的产品以满足自己的需要。如果自己的商品卖不出去，或是只卖出一部分，他就要面临亏损、破产的危险。商品的命运支配和决定了商品生产者的命运，本来由商品生产者的双手生产出来的东西，倒成了统治着商品生产者的力量。在市场盲目的自发势力作用之下，商品与商品相互交换的关系掩盖了商品生产者之间的社会关系。商品拜物教就由此出现了。所以，在以私有制商品经济为基础的社会里，商品拜物教的产生是同人们盲目地受商品生产的经济规律的支配分不开的。劳动产品一旦作为商品来生产，就带上拜物教的性质，商品就从一个普通的可以感觉的物变成了一个可感觉而又超感觉的物了。

（二）货币拜物教

随着生产资料私有制的发展和社会分工的扩大，商品交换和商品生产在不断发展，商品交换已不再是偶然的个别的现象，人们愈来愈要依赖于市场，生产者的劳动愈来愈要表现为价值。因此，在商品交换和商品生产发展的同时，表现为价值的等价物也相应地发展，它经历了个别等价物、特殊等价物、一般等价物三个阶段，最后发展到货币。作为货币的金、银，本来也是商品世界千千万万个成员中的一分子，只是由于商品世界的共同活动，在漫长的商品交换的实践过程中，金、银因其天然的属性比其他商品更适于充当为一般等价物。因此，作为其他一切商品的一般等价物的职能，就稳定地落到贵金属金、银的身上。金、银终于从商品世界中游离出来，作为价值镜而跟其他一切商品相对立。从此，一切商品都同金、银发生等价关系、由金、银来表现自己的价值，并以它为媒介来交换别的商品。

作为货币的金、银无非就是充当一般等价物的一种特殊商品。但是，货币出现之后，商品经济的社会关系，又进一步被物的外衣所掩盖。因为，一旦金、银成了货币，就给人们一种假象，似乎货币成为人类劳动的直接化身。货币可以用来购买一切商品的属性，本来是一定社会关系的产物，却被看作是货币的自然形态本身所固有的属性，似乎金和银一从地底下出来，就是一切人类劳动的直接化身。在商品与商品直接物物交换的条件下，商品生产者的命运决定于能不能顺利地换得别人的产品，而在货币出现以后，则决定于能不能顺利地换成货币。商品的神秘性进而发展成了货币的神秘性。人们感觉到好像金银本身天然地具有支配人们命运的神秘力量，在货币力量面前，任何力量都得甘拜下风。于是，商品拜物教就发展为货币拜物教，货币拜物教是商品拜物教的发展形态，"因此，货币拜物教的谜就是商品拜物教的谜，只不过变得明显了，耀眼了"。

（三）资本拜物教

在资本主义生产方式下，在货币转化为资本的过程中出现了资本拜物教。

资本拜物教就是把资本的价值增殖看作是资本本身即物本身具有魔力的一种错误观念。马克思在指出商品拜物教、货币拜物教和资本拜物教之间的关系时说道:"在论述商品和货币时,我们已经指出了一种神秘性质,它把在生产中以财富的各种物质要素作为承担者的社会关系,变成这些物本身的属性(商品),并且更直截了当地把生产关系本身变成物(货币)。一切已经有商品生产和货币流通的社会形态,都有这种颠倒。但是,在资本主义生产方式下和在这个资本主义生产方式占统治地位、起决定作用的生产关系下,这种着了魔的颠倒的世界就会更厉害地发展起来。"

资本是带来剩余价值的价值,它反映资本家与雇佣工人之间的剥削与被剥削关系。但是,在资本的运动过程中,它采取着货币、生产资料、商品等物质形态,并在不断的循环和周转中,给它的所有者带来利润和收入,于是在人们的观念上便形成了一种错觉,似乎货币、生产资料或商品这些物天生就是资本,天然地具有使价值增殖的魔力。这种把资本视作物并披上神秘化外衣的错觉,在资本主义生产的总体运动过程中更加强化了。因为从资本的直接生产过程来考察,资本从一开始就表现为神秘的东西,似乎劳动的一切社会生产力,并非劳动本身所有,而为资本所有,是资本自身生长出来的力量。而从资本主义生产总过程来考察,剩余价值转化为利润，利润转化为平均利润，利润分割为产业利润、商业利润和利息，又使这个神秘化过程得到了进一步发展。产业资本家得到产业利润，似乎是资本家"劳动"的结果，但毕竟还同生产过程有关；而由产业利润和商业利润构成的企业主收入，更给人以幻觉，好像不是来自对雇佣劳动的剥削，而是资本家本身"劳动"的果实，不仅生产过程，而且流通过程也会带来收入；关于借贷资本的利息则更加神秘化，因为它根本脱离了生产过程，而且同流通过程也无关系，它表现为G—G′（货币—更多的货币）的运动形式，剩余价值的来源完全被掩盖了，而资本自身固有的增殖能力，却非常突出地被表现出来。这样，"在生息资本的形式上，资本拜物教的观念完成了"。

资本主义地租的本质是平均利润以上的余额，同样来源于雇佣工人创造的剩余价值。但是，这一部分剩余价值是土地所有者凭借土地所有权才转化为地租的，这就使得资本关系的神秘化又进了一步。在这里，剩余价值的一部分好像连同社会生产关系的联系都不存在了，它只直接同一个自然要素（土地）联系在一起。因此，在资本—利润（或者，更隐蔽的形式是资本—利息）、土地—地租、劳动—工资这三位一体的公式中,资本主义生产方式的神秘化,资本主义社会生产关系的物化达到了登峰造极的地步。资本主义生产的内部联系最终被割断了,剩余价值的源泉,即劳动者受剥削的真相完全被掩盖起来了。资本本身具有了神奇的增殖能力,资本主义社会就成了一个着了魔的、颠倒的、倒立着的世界。商品、货币、资本,这些由人们自己创造出来的东西,却成了支配人们的神秘力量。商品、货币和资本的命运,支配着商品生产者、货币持有者和资本所有者的命运。

(四)商品拜物教的消亡

关于商品拜物教、货币拜物教和资本拜物教一类的说教,都是资产阶级经济学所宣扬的。总体来说,"这种拜物教把物在社会生产过程中获得的社会的经济的性质,变为一种自然的、由这些物的物质本性产生的性质"[①]。在以私有制为基础的商品生产条件下,只要不认识商品社会生产的实质就难免陷入这类的拜物教观念之中,而资产阶级为了辩护剥削的合理性,更是竭力宣扬这种神秘的拜物教观念。只有马克思,才深刻地指明了这种拜物教的实质及其产生的条件。列宁正确指出了马克思的伟大贡献:"凡是资产阶级经济学

---

① 马克思:《资本论(第二卷)》,人民出版社2005年版,第251页。

家看到物与物之间的关系的地方（商品交换商品），马克思都揭示了人与人之间的关系。"因此，只有由马克思和恩格斯创立的马克思主义政治经济学，才破除了对于商品、货币、资本等等拜物教的迷信，并给予正确的科学的解释。

马克思不仅揭示了商品拜物教的来源，而且也指明了商品拜物教消亡的条件。马克思认为，可以设想有一个自由人联合体，他们用公共的生产资料进行劳动，并且自觉地把他们许多个人劳动力当作一个社会劳动力来使用。在那里，"劳动时间就会起双重作用。劳动时间的社会的有计划的分配，调节着各种劳动职能同各种需要的适当的比例。另一方面，劳动时间又是计量生产者个人在共同劳动中所占份额的尺度，因而也是计量生产者个人在共同产品的个人消费部分中所占份额的尺度。在那里，人们同他们的劳动和劳动产品的社会关系，无论在生产上还是在分配上，都是简单明了的"①。在那样的情况下，人与人的社会关系不再被物与物的关系所掩盖，商品拜物教将最终消亡。

从马克思的论述中可以看出，商品拜物教的消亡，是同生产资料归全社会公有、联合起来的劳动者成为生产的主

---

①马克思：《资本论（第一卷）》，人民出版社2005年版，第96—97页。

人、社会生产有计划地发展、劳动产品不再表现为商品等经济条件联系在一起的。人们过去认为，这些条件在社会主义社会就可以具备。社会主义社会的实践表明，这些条件只有在共产主义社会的高级阶段上才能充分具备。到那时，商品生产才会完全消亡，商品拜物教才会彻底消失。

三、商品拜物教的性质特点

（一）私人劳动的两重社会性

私人劳动的两重社会性质在商品上的表现，掩盖了生产者之间的社会关系。

由于抽象劳动的同质性，人们将自己各自生产的产品按照抽象劳动量决定的价值进行交换，这些私人劳动的产品通过交换与社会发生接触。私人劳动在生产满足他人需要的使用价值的同时，也通过交换满足了生产者本人多方面的需要。实际上，私人劳动就取得了两重的社会性质。马克思指出："彼此独立的私人劳动的独特的社会性质在于它们作为人类劳动而彼此相等，并且采取劳动产品的价值性质的形式——商品生产这种特殊生产形式才具有的这种特点。"[1]

---

[1] 马克思：《资本论（第一卷）》，人民出版社2005年版，第91—92页。

（二）货币形式

货币形式更加掩盖了商品生产者之间的社会关系。在商品生产发展的初级阶段，商品还只是通过与没有固定充当一般等价物的其他商品进行交换，人们还比较容易看出这种交换实质上是由价值量决定的。但是当一般等价物固定在金银上时，商品交换的实质就很难被发现了。而到了这一阶段，人们对商品的崇拜也就集中地表现为对货币的崇拜，也就是货币拜物教。正如马克思所说的"正是商品世界的这个完成形式——货币形式，用物的形式掩盖了私人劳动的社会性质和私人劳动者的社会关系，而不是把它们揭示出来"[1]。

四、商品拜物教的当代表现

通过分析我们可以看出：只要存在商品经济，商品拜物教就存在。因此，我国的社会主义市场经济中也存在商品拜物教。商品拜物教是商品经济的产物，在一定程度上也就是社会生产力发展的产物，也就是社会进步的一种体现。从这个方面来说，商品拜物教具有积极的意义。但是，随着我们进入发达的商品经济发展阶段，商品拜物教的消极影响日益

---

[1] 马克思：《资本论（第一卷）》，人民出版社2005年版，第93页。

凸显。事实上,在我国社会经济生活的各个领域都可以看到商品拜物教的消极作用。

(一)盲目追求GDP增长

盲目追求GDP增长是商品拜物教在我国经济方面的突出表现,改革开放30多年来,我国经济建设取得了巨大的成就。经济增长成为人们关心的首要问题,衡量经济增长的GDP指标自然也成为大家最重视的指标。我们不可否认GDP增长对国家发展和人民生活水平提高所起的重要作用,但是这30多年的发展过程中出现的问题却是不容忽视的,如我国经济结构失衡、地区经济发展不平衡、资源环境遭到破坏、收入分配差距扩大等,这些问题都是片面强调GDP增长造成的。一味追求GDP增长实质上就是对物质生活的盲目追求,也就是商品拜物教驱使人们将幸福生活等同于丰裕的物质生活。

(二)拜金主义盛行

拜金主义盛行是商品拜物教在我国社会生活方面的表现。由于人们将生活幸福等同于物质充裕,所以作为一般等价物的货币就被当作生活幸福的源泉,这导致拜金主义思想盛行,金钱至上的观念泛滥。越来越多的人将金钱视为自己的人生目标,为了金钱不惜背叛亲人、朋友甚至危害社会,使自己迷失在物质世界中不能自拔。这种货币主义的幻觉正是商品拜物教的体现。

五、正确看待商品拜物教

我们生活在商品关系无所不在的社会里，商品拜物教对我们的影响是十分深刻和广泛的，正确看待商品拜物教对社会发展和人们生活水平的提高有非常重要的作用。我们需要从以下两个方面探讨怎样正确对待商品拜物教。

（一）树立正确的人生观和价值观

树立正确的人生观和价值观，抵制拜金主义思想。我们每个人都不是仅仅为了物质满足而生活，马斯洛的需求层次理论指出人的最高目标是自我实现的需要，人生价值不是仅仅依靠物质条件就能实现的。在满足了基本的生存条件后，我们更应该追求的是自身综合素质的提高和人的全面发展。因此，树立正确的人生观和价值观，反对金钱至上的观念对我们的人生具有积极的指导作用。

（二）一分为二地看待商品拜物教

一分为二地看待商品拜物教，努力将商品拜物教的负面影响降到最低。商品拜物教作为历史发展的必然产物，既有它的必然性，也有它的阶段性。我们应该以马克思的唯物辩证法思想为指导，既看到它的积极意义，也要看到它的消极影响。一方面，作为商品经济的伴生物，商品拜物教促进了商品经济的进一步发展并增加了物质产品的多样性，提高了人们的生活质量。我们不能将商品拜物教作为要打倒、要消除的对象，而应该正视它存在的必然性和客观性；另一方面，由于商品拜物教给社会生活各个方面带来的负面影响不断扩大，人们陷入对商品拜物教的迷惑之中找不到方向。这就要求我们揭开商品拜物教的神秘面纱，看清背后掩盖的人与物的关系，明白人支配物的实质，只有这样我们才能正确地认识和运用商品拜物教。

第六节　货币的产生及其职能

一、货币的产生和本质

货币是商品交换长期发展的产物。

货币的产生大致经历了四个阶段：偶然的物物交换；扩大的物物交换；一般等价物作为媒介的交换；一般等价物固

定在金银上——货币产生。

原始社会末期，由于生产力水平极其低下，没有剩余产品，发生在两个部落之间的交换，只能是偶然的多余产品的物物交换。当时的商品交换在双方的经济生活中只占极低的比重，因此，彼此都不十分计较交换的比例，如有时用2只羊换1把石斧，有时用2只羊换2把石斧。假如2只羊换1把石斧，用公式化表示即为：2只羊=1把石斧。在这个等式中，羊的价值是通过石斧表现出来的，石斧是表现羊的价值的手段，人们把石斧看作价值的代表，或者说与价值等同，我们称之为等价物。

随着社会生产力和社会分工的发展，物物交换不断扩大，参加交换的商品种类越来越多，一种商品可与多种商品相交换。物物交换的明显缺点是：物物交换要求双方都需要对方的商品，交换才能成功，否则交换就无法进行。

为了克服物物交换的困难，人们在长期无数次交换的实践中找到了办法。一般等价物就是从其他商品中分离出来的，可以和其他一切商品相交换并表现其他一切商品价值的商品。有了一般等价物后，方便了商品交换，人们只要经过两次交换，就可顺利换得自己所需的商品，即：第一步，用自己的商品换成一般等价物；第二步，用一般等价物换取自己需要的商品。可见，一般等价物的出现，有利于商品生产和商品交换的发展。

一般等价物由什么商品来充当，各地区不同，一个地区的不同时期也有不同。在历史上，牲畜、布帛、贝壳、粮食、食盐、金属等都充当过一般等价物。

我国最早充当一般等价物的商品之一是宝、贝。许多与商品交换有关的汉字，都有贝字作部首，如货、赔、赚、贩、购等。

一般等价物固定在金银上，是金银自身自然属性决定的，即金银有许多适宜固定充当一般等价物的特征：体积小、价值大，便于携带、久藏不坏，质地均匀和容易分割等。

首先是体积小、价值大。因为采掘金银要耗费巨大的劳动，所以金银的价值大。这样，人们可以携带少量的金银，就能买到大量的商品。

其次，金银不会腐烂，久藏不坏。黄金、白银极易保存，即使埋在地下，几千年后挖掘出来，仍完好无损。

再次，质地均匀、容易分割。金、银可以随意熔合，又可随意分割，其价值不会受到损失，而羊、布、贝壳等就不行。正因为金银有这样多的优点，所以，固定充当一般等价物的重任就自然落在了黄金、白银身上。金银一旦固定地充当一般等价物，它们也就成了货币。从上述货币的产生过程可以看出，货币是商品交换长期发展的产物。货币的出现解决了商品交换发展的障碍，有利于商品经济的发展。但如任何事物都具有两面性一样，货币的出现也带来新的矛盾。

货币是从商品中分离出来、固定地充当一般等价物的商品。我们不能把金银货币完全等同起来。金银就是金银，它也是一种商品，也具有使用价值和价值，只有在一定的生产关系下才成为货币。

货币与一般商品的共同点是：货币也是商品。金银能够充当货币，是因为金银本身是商品，既有使用价值又有价值。货币与一般商品的区别是：货币不是一般的商品，是从商品中分离出来专门固定地充当一般等价物的商品，可以表现一切商品的价值。这种货币与一般商品的本质区别，就是货币的本质。所以说"货币的本质就是一般等价物"。货币是商品交换长期发展的产物。货币是从商品中分离出来，固定地充当一般等价物的商品；货币的本质就是一般等价物。

二、货币的职能

在发达的商品经济中，货币具有价值尺度、流通手段、贮藏手段、支付手段和世界货币五种职能。其中最基本的职能是价值尺度和流通手段。

（一）价值尺度

价值尺度是用来衡量和表现商品价值的一种职能，是货币最基本、最重要的职能。正如衡量长度的尺子本身有长度，称东西的砝码本身有重量一样，衡量商品价值的货币本身也是商品，具有价值；没有价值的东西，不能充当价值尺度。

货币作为价值尺度，就是把各种商品的价值都表现为一定的货币量，以表示各种商品的价值在质的方面相同，在量的方面可以比较。各种商品的价值并不是由于有了货币才可以互相比较，恰恰相反，只是因为各种商品的价值都是人类劳动的凝结，它们本身才具有相同的质，从而在量上可以比较。商品的价值量由物化在该商品内的社会必要劳动量决定。但是商品价值是看不见摸不到的，自己不能直接表现自己，它必须通过另一种商品来表现。在商品交换过程中，货币成为一般等价物，可以表现任何商品的价值，衡量一切商品的价值量。货币作为价值尺度衡量其他商品的价值，把各种商品的价值都表现在一定量的货币上，货币就充当商品的外在价值尺度。而货币之所以能够执行价值尺度的职能，是因为货币本身也是商品，也是人类劳动的凝结。可见，货币作为价值尺度，是商品内在的价值尺度即劳动时间的表现形式。

货币在执行价值尺度的职能时，并不需要有现实的货币，只需要观念上的货币。例如，1辆自行车值1克黄金，只要贴上个标签就可以了。当人们在做这种价值估量的时候，只要在他的头脑中有金的观念就行了。用来衡量商品价值的货币虽然只是观念上的货币，但是这种观念上的货币仍然要以实在的金属为基础。人们不能任意给商品定价，因为，在金的价值同其他商品之间存在着客观的比例，这一比例的现实基础就是生产两者所耗费的社会必要劳动量。在商品价值量一定和供求关系一定的条件下，商品价值的高低取决于金的价值的大小。

商品的价值用一定数量的货币表现出来，就是商品的价格。价值是价格的基础，价格是价值的货币表现。货币作为价值尺度的职能，就是根据各种商品的价值大小，把它表现为各种各样的价格。例如，1头牛值2两金，在这里2两金就是1头牛的价格。

在历史上，有些国家曾一度实行过金、银复本位制，以金和银两种贵金属同时充当价值尺度。这样，一切商品就会有两种不同的货币表现、两种价格。用金作为价值尺度来表现商品的价格是商品的金价格。在商品价值不变的情况下，商品的价格会同金本身的价值成反方向变动，即一旦金的价值降低，商品价格会相应地提高；金的价值提高，商品的价格就会相应地降低。用银作为价值尺度来表现商品的价格就是商品的银价格。在商品价值不变的情况下，商品的价格也会同银本身的价值成反方向变动，即一旦银的价值降低，商品价格会相应地提高；银的价值提高，商品价格会相应地降低。但是，不能保证金和银的价值比例保持不变，因此，也就不能保证两种价格可以安然并存。金和银两种价值比例的任何变动，都会造成价格的混乱，扰乱商品的金价格和银价格之间的比例。实践表明，价值尺度二重化是同价值尺度的职能相矛盾的。在国内流通领域内，只能有一种商品充当价值尺度。所以，在资本主义货币史上，复本位制终于被单一金本位制所替代。

（二）流通手段

货币的流通手段是货币充当商品交换媒介的职能。在商品交换过程中，商品出卖者把商品转化为货币，然后再用货币去购买商品。在这里，货币发挥交换媒介的作用，执行流通手段的职能。货币充当价值尺度的职能是它作为流通手段职能的前提，而货币的流通手段职能是价值尺度职能的进一步发展。

在货币出现以前，商品交换是直接的物物交换。货币出现以后，它在商品交换关系中则起媒介作用。以货币为媒介的商品交换就是商品流通，它由商品变为货币（W—G）和由货币变为商品（G—W）两个过程组成。W—G即卖的阶段，是商品的第一形态变化。这一阶段很重要，实现也比较困难。因为，如果商品卖不出去，不能使原来的商品形态转化为货币形态，则商品的使用价值和价值都不能实现，从而商品所有者就有可能破产。G—W即买的阶段，是商品的第二形态变化，由于货币是一切商品的一般等价物，如果商品充足，有货币就可以买到商品，这一阶段是比较容易实现的。由于货币在商品流通中作为交换的媒介执行流通手段的职能，打破了直接物物交换和地方的限制，扩大了商品交换的品种、数量和地域范围，从而促进了商品交换和商品生产的发展。

执行流通手段的货币，在商品流通过程中，不断地当作购买手段，实现商品的价格。商品经过一定流通过程以后，必然要离开流通领域最后进入消费领域。但货币作为流通手段，却始终留在流通领域中，不断地从购买者转移到出卖者手中。这种不断的转手就形成货币流通。货币流通是以商品流通为基础的，它是商品流通的表现。货币执行流通手段的职能，需要有同商品量相适应的一定的数量。在一定时期内，商品流通所需要的货币量由待售的商品价格总额和货币流通的平均速度二者决定。商品流通所需要的货币量同商品价格总额成正比：商品价格总额大，流通中所需要的货币量便多；商品价格总额小，流通中所需要的货币量便少。流通中所需要的货币量同货币流通速度成反比：货币流通速度快，流通中所需要的货币量就少；货币流通速度慢，流通中所需要的货币量就多。在一定时期内，商品流通所需要的货币量，等于全部商品价格总额除以同一单位货币流通的平均速度。

执行流通手段的货币，最初是以金或银的条块形状出现的。由于金属条块的成色和重量各不相同，每次买卖都要验成色，称重量，很不方便。随着商品交换的发展，金属条块就被具有一定成色、重量和形状的铸币所代替。铸币的产生使货币能够更好地发挥它作为流通手段的职能。铸币在流通中会不断地被磨损，货币的名称和它的实际重量逐渐脱离，成为不足值的铸币。货币执行价值尺度的职能，可以是观念上的货币，但必须是足值的；货币执行流通手段的职能则必须是现实的货币，但它可以是不足值的。这是因为货币发挥流通手段的职能，只是转瞬即逝的媒介物，不足值的铸币，甚至完全没有价值的货币符号，也可以用来代替金属货币流通。用贱金属，例如用铜铸成的辅币，是一种不足值的铸币。由国家发行并强制流通的纸币，则纯粹是价值符号。纸币没有价值，只是代替金属货币执行流通手段的职能。无论发行多少纸币，它只能代表商品流通中所需要的金属货币量。纸币发行如果超过了商品流通中所需要的金属货币量，那么，每单位纸币代表的金量就减少了，商品价格就要相应地上涨。

由于货币执行流通手段的职能，使商品的买和卖打破了时间上的限制，一个商品所有者在出卖商品之后，不一定马上就买；也打破了买和卖空间上的限制，一个商品所有者在出卖商品以后，可以就地购买其他商品，也可以在别的地方购买任何其他商品。这样，就有可能产生买和卖的脱节，一部分商品所有者只卖不买，另一部分商品所有者的商品就卖不出去。因此，货币作为流通手段已经孕育着引起经济危机的可能性。

（三）贮藏手段

货币的贮藏手段是货币退出流通领域充当独立的价值形式和社会财富的一般代表而储存起来的一种职能。货币能够执行贮藏手段的职能，是因为它是一般等价物，可以用来购买一切商品，因而货币贮藏就有必要了。

货币作为贮藏手段，是随着商品生产和商品流通的发展而不断发展的。在商品流通的初期，有些人就把多余的产品换成货币保存起来，贮藏金银被看成是富裕的表现，这是一种朴素的货币贮藏形式。随着商品生产的连续进行，商品生产者要不断地买进生产资料和生活资料，但他生产和出卖自己的商品要花费时间，并且也没有把握能够全部卖掉。这样，他为了能够不断地买进，就必须把前次出卖商品所得的货币贮藏起来，这是商品生产者的货币贮藏。随着商品流通的扩展，货币的权力日益增大，一切东西都可以用货币来买卖，货币交换扩展到一切领域。谁占有更多的货币，谁的权力就更大，贮藏货币的欲望也就变得更加强烈，这是一种社会权力的货币贮藏。

货币执行价值尺度的职能，可以是观念上的货币；作为流通手段的货币可以用货币符号来代替。但是作为贮藏手段的货币，则必须既是实在的货币，又必须是足值的金属货币。因此，只有金银铸币或金银条块才能作为贮藏手段。货币在质的方面，作为物质财富的一般代表，能直接转化为任何商品，因而是无限的；但在量的方面，每一个具体的货币额又是有限的，只充当有限的购买手段。货币的这种量的有限性和质的无限性之间的矛盾，迫使货币贮藏者贪婪地积累货币。货币贮藏者的贪欲是没有止境的。甚至还会出现这样的情况——"货币贮藏者为了金偶像而牺牲自己的肉体享受"。货币贮藏一般是直接采取金银条块的形式，也可以采取其他的贮藏形式，如把金银制成首饰等装饰品贮藏起来。

货币作为贮藏手段，可以自发地调节货币流通量，起着蓄水池的作用。当市场上商品流通缩小，流通中货币过多时，一部分货币就会退出流通界而被贮藏起来；当市场上商品流通扩大，对货币的需要量增加时，有一部分处于贮藏状态的货币，又会重新进入流通。

（四）支付手段

货币的支付手段是货币作为独立的价值形式进行单方面运动（如清偿债务、缴纳税款、支付工资和租金等）时所执行的职能。

货币执行支付手段的职能是适应商品生产和商品交换发展的需要而产生的。因为商品交易最初是用现金支付的。但是，由于各种商品的生产时间是不同的，有的长些，有的短些，有的还带有季节性。同时，各种商品销售时间也是不同的，有些商品就地销售，销售时间短，有些商品需要运销外地，销售时间长。生产和销售时间上的差别，使某些商品生产者在自己的商品没有生产出来或尚未销售之前，就需要向其他商品生产者赊购一部分商品。商品的让渡同价格的实现在时间上分离开来，即出现赊购的现象。赊购以后到约定的日期清偿债务时，货币便执行支付手段的职能。货币作为支付手段，开始是由商品的赊购、预付引起的，后来才慢慢扩展到商品流通领域之外，在商品交换和信用事业发达的资本主义社会里，就日益成为普遍的交易方式。

在货币执行支付手段职能的条件下，买者和卖者的关系已经不是简单的买卖关系，而是一种债权债务关系。等价的商品和货币，就不再在售卖过程的两极上同时出现了。这时，货币首先是执行价值尺度职能，计量所卖商品的价格。第二，货币是作为观念上的购买手段，使商品从卖者手中转移到买者手中时，没有货币同时从买者手中转移到卖者手中。当货币作为支付手段发挥职能作用时，商品转化为货币的目的就起了变化，一般商品所有者出卖商品，是为了把商品换成货币，再把货币换回自己所需要的商品；货币贮藏者把商品变为货币，是为了保存价值；而债务者把商品变为货币则是为了还债。货币执行支付手段职能时，商品形态变化的过程也起了变化。从卖者方面来看，商品变换了位置，可是他并未取得货币，延迟了自己的第一形态变化。从买者方面来看，在自己的商品转化为货币之前，完成了第二形态变化。在货币执行流通手段的职能时，出卖自己的商品先于购买别人的商品。当货币执行支付手段的职能时，购买别人的商品先于出卖自己的商品。执行流通手段职能的货币是商品交换中转瞬即逝的媒介，而执行支付手段职能的货币则是交换过程的最终结果。执行价值尺度的货币是观念上的货币，执行流通手段的货币可以是不足值的货币或价值符号，但执行支付手段的货币必须是现实的货币。

货币执行支付手段的职能，一方面可以减少流通中所需要的货币量，节省大量现金，促进商品流通的发展。货币执行支付手段的职能后，商品流通中所需要的货币量可以用公式表示如下：

$$\frac{商品价格总额}{同一单位货币的平均流通次数}=商品流通中所需要的货币量$$

另一方面，货币执行支付手段的职能，进一步扩大了商品经济的矛盾。在赊买赊卖的情况下，许多商品生产者之间都发生了债权债务关系，如果其中有人到期不能支付，就会引起一系列的连锁反应，"牵一发而动全身"，使整个信用关系遭到破坏。例如，某个人在规定期限内没有卖掉自己的商品，他就不能按时偿债，支付链条上某一环节的中断，就可能引起货币信用危机。可见，货币在执行支付手段以后，经济危机的可能性也进一步发展了。

从货币作为支付手段职能的过程中，产生了信用货币，如银行券（钞票）、期票、汇票、支票等。随着资本主义的发展，信用事业越展开，货币作为支付手段的职能也就越大，以致信用货币占据了大规模交易的领域，而铸币却被赶到小额买卖的领域中去。

在商品生产和货币经济发展到一定程度以后，不仅在商品流通领域，而且在非商品流通领域也用货币执行支付手段的职能，充当交换价值的独立存在形式。例如，地租、赋税、工资等，也用货币来支付。

由于货币执行支付手段的职能，为了到期能偿还债务，就必须积累货币。因此随着资本主义的发展，作为独立的致富形式的货币贮藏减少以致消失了，而作为支付手段准备金形式的货币贮藏却增长了。

（五）世界货币

货币的世界货币职能是货币在世界市场上执行一般等价物的职能。由于国际贸易的发生和发展，货币流通超出一国的范围，在世界市场上发挥作用，于是货币便有了世界货币的职能。执行世界货币职能的货币，必须是足值的金和银，而且必须脱去铸币的地域性外衣，以金块、银块的形状出现。原来在各国国内发挥作用的铸币以及纸币等在世界市场上都失去作用。

在国内流通中，一般只能由一种货币商品充当价值尺度。在国际上，由于个别国家用金作为价值尺度，个别国家用银作为价值尺度，所以在世界市场上金和银可以同时充当价值尺度的职能。后来，在世界市场上，金取得了支配地位，主要由金执行价值尺度的职能。

货币的世界货币职能除了使货币在世界范围内具有价值尺度的职能以外，还有以下职能：①执行一般购买手段的职能，一个国家直接以金、银从另一个国家购买商品。②执行一般支付手段的职能，用以平衡国际贸易的差额，如偿付国际债务，支付利息和其他非生产性支付等。③充当国际间财富转移的手段。货币作为社会财富的代表，可由一国转移到另一国，例如，支付战争赔款、输出货币资本或由于其他原因把金银转移到外国去。在当代，货币作为世界货币的主要职能是执行国际支付手段的职能，用以平衡国际收支的差额。

具有世界货币职能的金银流动是二重的：一方面，金银从它的产地散布到世界市场，为各个国家的流通领域所吸收，补偿磨损了的金、银铸币，充作装饰品、奢侈品的材料，并且凝固为贮藏货币。这个流动体现了商品生产国和金银生产国之间劳动产品的直接交换。另一方面，金和银又随着国际贸易和外汇行情的变动等情况，在各国之间不断流动。

为了适应世界市场的流通，每个国家必须贮藏一定量的金、银作为准备金。这笔世界货币准备金随着世界市场商品流通的扩大或缩小而增减。在资本主义国家，银行中的黄金储备，往往要限制在它的特殊职能所必要的最低限度。过多的货币贮藏，对于资本是一个限制，而且在一定程度上也表示商品流通的停滞。

三、货币流通规律

货币流通规律也叫货币需要量规律，它是指一定时期内一个国家的商品流通过程中客观需要的货币量的规律。货币流通规律的内容是：流通中需要的货币量，与待实现的商品价格总额成正比，与同一单位货币的平均流通速度成反比。这里有关流通中的货币指金属货币，所以，它也被称为"金属货币流通规律"。在金属货币流通的情况下，由于金属货币具有贮藏手段的职能，能够自发地调节流通中的货币量，使之同实际需要量相适应，因而不可能出现通货膨胀或通货紧缩

(一)货币流通规律的基本原理

货币作为商品流通媒介的不断运动即为货币流通,货币流通规律就是一定时期内商品流通中所需货币量的规律。

一定时期内商品流通中所需货币量与商品价格总额成正比,与同一单位货币的流通速度成反比,这是金属货币执行流通手段职能时的货币流通规律的内容。纸币的发行量以流通中所需要的金属货币量为限。当纸币的发行量超过商品流通中所需要的金属货币量,引起纸币贬值、物价普遍上涨,就出现通货膨胀;相反,当纸币的发行量不能满足流通中所需要的金属货币量,则会导致纸币升值、物价普遍下跌,从而出现通货紧缩。在现代市场经济中,还可以有其他多种因素(如成本、需求、产业和产品结构、体制等)引起通货膨胀或通货紧缩,但最基本的是货币供应量与货币需求量的对比关系。

通货膨胀和通货紧缩都会对经济发展和社会稳定造成严重危害。严重的通货膨胀会引起社会收入和国民财富的再分配,扰乱价格体系,扭曲资源配置,使整个社会经济生活出现混乱;严重的通货紧缩会使经济萎缩,失业增加,人民生活水平下降,引发社会和政治问题。遵循货币流通规律,防范和消除通货膨胀和通货紧缩,对促进经济健康发展、维护社会稳定、提高人民生活水平，具有十分重要的意义。

（二）货币流通规律的公式

一个国家在一定时期内需要多少货币，主要取决于商品交换规模和货币流通速度。

商品交换规模，也就是一个时期内进行交换的商品价格总额，它是由两个因素决定的：即商品的数量和各种商品价格的乘积。假如价格已定，流通的商品量越大，需要的货币量也越大。如果投入流通的商品量是已定的，那么流通中所需要的货币量就取决于商品的价格水平。价格越高，所需要的货币量也就越多。所以，流通中所需要的货币量总是与商品的价格总额成正比，也就是同商品数量和商品价格这两个因素的变化成正比。

货币流通速度，也就是同一货币在一定时期内转手的次数。流通中所需要的货币量与货币的流通速度成反比例：货币的流通次数增加，流通中所需要的货币量就会减少；货币的流通次数减少，货币量就会增加。正是由于货币流通速度这一因素的作用，流通中实际所需要的货币量总是小于商品的价格总额。

因此，商品流通中的货币量与商品价格总额、货币流通速度之间的关系，可用公式表示如下：

$$\frac{商品价格总额}{同一单位货币的平均流通次数}=商品流通中所需要的货币量$$

可以看出，根据马克思的货币流通规律，物价水平和社会商品可供量同流通中的货币必要量成正比；而货币流通速度同流通中的货币必要量成反比。

需要指出的是，马克思的货币流通规律是在金属货币流通的条件下提出的。在不兑现的纸币流通条件下，因纸币本身没有内在价值，过多的纸币也不会自动退出流通。因此，在社会商品可供量和货币流通速度一定时，流通中的纸币数量倒决定了一般物价水平。

（三）决定货币流通量的因素

根据货币流通规律，商品流通中所需要的货币量取决于三个因素：参加流通的商品量、商品的价格水平、货币的流通速度。

但影响流通中货币量的这三个因素可以依不同方向、不同比例发生变化。因此，待实现的价格总额以及受价格总额制约的货币流通量，也可能有多种多样的组合。在商品价格不变时，由于流通的商品量增加，或者货币流通速度减慢，或者这两种情况同时发生，货币流通量就会增加。反之，由于商品量减少，或者货币流通速度加快，或者这两种情况同时发生，货币流通量就会减少。在商品价格普遍提高时，如果流通的商品量依相同比例减少或流通的商品量不变，而货币流通速度依相同比例增加，货币流通量就会不变。如果商品量的减少或货币流通速度的加快比价格的上涨更为迅速，货币流通量就会减少。在商品价格普遍下降时，如果商品量依相同的比例增加，或货币流通速度依相同的比例减慢，货币流通量仍会不变。如果商品量的增加或货币流通速度的减慢比商品价格的跌落更为迅速，货币流通量就会增加。

货币流通量取决于商品价格总额与货币流通的平均速度这一规律也可以表述如下：已知商品价值总额和货币流通的平均速度，流通中的货币量取决于货币本身的价值。这就是说，在其他条件不变的条件下，流通中的货币量是由它自身的价值决定的。

四、纸币流通规律与通货膨胀

（一）纸币流通规律

纸币是由国家发行并强制流通的价值符号。纸币是从货币的流通手段职能中产生的，作为价值符号，代替金、银执行流通手段和支付手段的职能。纸币发行量要以流通中的所需金属货币量为限。纸币因其本身没有价值，不能发挥价值尺度的职能。

在传统理论中，流通中所需要的金属货币量决定纸币需要量，纸币发行量决定纸币实际代表的价值量的规律。显然，这种表述是在以金、银为本币的情况下作出的，但是随着货币体制的改革，这种表述显然已经不合时宜。

实际上的纸币流通规律，是指流通中的商品价值量决定流通中的纸币需要量，纸币实际代表的价值量由流通中的商品量和纸币发行量所决定的规律。假如流通中的商品量少于纸币流通量，纸币的币值就有可能下降，商品价格水平就有可能上升，或者纸币发行量超过了流通中的商品量的需要，其结果也相同；反之，如果实际流通的纸币量少于商品流通量，由于流通中货币量不足，因而将导致商品流通速度下降、纸币的币值上升，商品价格总水平就有可能向下波动。

实际上，在现代市场中，由于流通中的纸币量只是货币流通中的一部分，因而要影响纸币的币值和商品价格总水平的变动，还需要有信用货币的支持。也就是说，纸币发行量如果同信用货币流通量同时扩大,并且高于商品流通量的需要量,价格总水平才有可能普遍上扬,也就会发生我们经常讲到的通货膨胀。

(二)通货膨胀及其成因

通货膨胀是否是货币运动的一种客观规律,对于这一点,目前理论界尚有争议,但至少从货币发展史来看,只要存在货币流通,通货膨胀就是不可避免的。自从一般商品市场得到充分发展之后,通货膨胀就如同干旱和水灾等自然现象一样,经常困扰着人们。通货膨胀单从现象上看,是指物价总水平持续的、全面的上涨和货币的不断贬值,然而,真正导致通货膨胀的动因是什么?西方经济学者一般都把它归咎于需求拉动和成本推进两种原因。

所谓需求拉动型通货膨胀,主要指因市场总需求大于总供给,在买方竞争中推动价格徐徐上升。需求拉动型通货膨胀多数与总量失衡相联系,也即市场有支付能力的总需求大于市场可供交换的商品量,在商品总量不足的条件下,必然引起卖方相互攀比而纷纷提价,以实现供求运动新一点的均衡。

成本推进型通货膨胀是指因生产成本的普遍提高,而推动物价总水平普遍上涨。引起生产成本提高的原因有很多,如生产物耗的增加，流通费用的提高，赋税加重，利息率上升等。所谓成本推进，就是说因生产成本的提高引起连锁反应，从而导致商品价格水平普遍上涨。成本推进型通货膨胀大多同结构失衡相联系，特别是产业结构和产品结构随消费结构进行调整时，因商品之间的原有比价关系被破坏，在新的调整过程中，通货膨胀就以其调节分配的作用，在货币价值的运动中，重新建立起新的商品比价关系。

从本质上看，无论是成本推进型还是需求拉动型通货膨胀，都是价值规律在现代市场中的现实表现。也就是说，人们要想得到一定量的商品，必须付出一定量的有效劳动，市场交换不管是微观的还是宏观的，都必须贯彻等价交换的原则。价值规律无处不在约束着人们，要求人们的生产必须同有支付能力的社会需求相适应。通货膨胀就是要使价值规律得到贯彻，是强迫人们按价值规律办事的特殊方式。其实，在现代条件下，通货膨胀的动因往往是混合型的，既有成本推进也有需求拉动，但从通货膨胀的成因来看，主要有信贷膨胀型、财政赤字型、货币贬值型。也就是说，市场失衡既有结构上的原因也有总量上的原因，二者很难加以区分。

形成通货膨胀的基础是货币的超量供给，也就是货币流通量大于商品流通量，特别是信用交换的发展又为货币超量供给创造了有利条件。但是在我国当前，还要作具体分析。在两种市场形态并存的条件下，小生产者沉淀的巨额货币，常常造成市场流通货币的相对紧缺，这就为信用扩张又增加了一个新的外在力量。被沉淀的货币退出了流通，就使得市场货币流通量尤显不足，而沉淀的货币不仅迟滞了货币流通和商品流通，同时又为市场埋下了一颗定时炸弹。因为沉淀的货币是作为现实的购买力而存在的，一旦投向市场，必然对市场供给造成巨大的、而且是无法承受的压力，这种压力是任何一个市场都无法忍受的，如果再加上财政透支和信贷膨胀，这一境况就可想而知了。

一般在叙述通货膨胀时，都以显性通货膨胀为主，也就是以人们觉察到的物价上涨和货币贬值为主，而与其性质相同的，但表现相反的就是隐性通货膨胀。隐性通货膨胀的主要表现为在对市场进行严格控制的条件下，为保持市场供求平衡和价格稳定，对极端匮乏的商品实行配给，货币流通量中的相当一部分货币被强制沉淀，市场需求得到抑制，商品价格保持在较低的水平上。这种隐性的通货膨胀，实际上是以市场的外部干预为前提的，其表面貌似平稳，而其代价则是经济的衰退和就业率的下降。

一般说来，通货膨胀总是和物价上涨以及货币贬值相联系，但物价在一定幅度内的上涨并不一定就是通货膨胀。某一商品市场的物价上涨并不能说明整个市场的物价上涨，因为相互抵消的作用总会把物价水平加以平均。只要货币投放及货币流通量的增长与商品量的增长相适应，即使是适当的扩张，也不会导致通货膨胀的出现。反而，适当的货币扩张在需求不足的条件下，往往具有刺激经济发展的作用，特别是在经济复苏的初期尤为如此。但在我国目前，在投资扩张和消费超前的短缺经济状态下，实行通货紧缩政策将更有利于稳定市场。

在传统理论中，人们总是把通货膨胀视为资本主义内在矛盾发展的必然产物，不承认社会主义经济中也存在通货膨胀，客观上说，这种看法不免带有一定的偏见。通货膨胀是市场交换发展到一定阶段的自然产物，它同社会形态没有必然的联系，无论哪一种社会制度，只要存在商品货币交换，通货膨胀就是不可避免的。这已为历史所证明。

根据通货膨胀在市场中的作用，可进一步划分为过渡性通货膨胀和恶性通货膨胀。过渡性通货膨胀是市场由非均衡态向均衡态转换时期所不可避免的，它的主要作用是在价格上升和货币扩张中调节市场供求关系，抑制市场需求；疏通商品流通渠道，加速货币周转速度；重新构造产业结构和产品结构，以适应变化了的消费结构；通过调节利益分配，重新调整和平衡市场主体之间的经济关系；调节资源流向，实现生产要素的重新组合。总之，过渡性通货膨胀并不是洪水猛兽，它常和市场活跃结合在一起，它不仅可以刺激经济发展，增加国民收入，特别是财政收入，同时也为社会再生产的进一步扩大奠定了基础。

然而，通货膨胀一旦走向极端，就转化为恶性通货膨胀。恶性通货膨胀是以对市场有序性的破坏为主要特征的。首先伴随着恶性通货膨胀而来的是信用危机，由信用货币支付职能引起的连锁反应也即"三角债"，推动市场走向全面崩溃；物价在短期内跳跃式地轮番上涨，使得货币宛如一张废纸，像烫手山芋一样催促人们尽快抛掉；工厂倒闭、工人失业以及购买力水平的急剧下降，标志着经济危机的全面到来；由此而引发的社会动荡又为政治的不安定准备了条件。但当经过一系列阵痛之后，市场必将逐步由无序状态向有序状态过渡，然而代价却是十分惨重的。

第五章　马克思劳动价值论的当代价值

　　作为无产阶级革命的指导思想，马克思劳动价值论具有重要的现实意义。加快建立社会主义市场经济体制，有效处理社会主义市场经济发展进程中出现的现实问题，离不开马克思劳动价值论的指导。当前我国正进入全面建成小康社会的战略机遇期，如何深入挖掘马克思劳动价值论的当代价值，如何用马克思劳动价值论指导经济运行中出现的实践课题，事关我国社会主义现代化建设的成败，事关社会主义和谐社会的构建，事关经济可持续发展潜力的释放。以马克思劳动价值论指导现实实践，还有助于为马克思劳动价值论赋予时代性的课题，表征与时俱进的内涵，取得与时俱进的发展，从而为马克思劳动价值论注入源源不断的发展活力，并使得马克思劳动价值论保持开放发展的理论品格。

第一节　按劳分配

一、按劳分配的基本内涵

按劳分配是分配个人消费品的社会主义原则。即在生产资料社会主义公有制条件下，对社会总产品作了各项必要的社会扣除以后，按照各人提供给社会的劳动的数量和质量分配个人消费品。在社会主义社会，由于社会生产力发展还没有能够达到产品极大丰富的程度，工农之间、城乡之间、脑力劳动和体力劳动之间还存在着差别，劳动还未成为人们生活第一需要等原因，只能实行按劳分配的原则，多劳多得，少劳少得，不劳动者不得食。由此可见，按劳分配原则是指把劳动量作为个人消费品分配的主要标准和形式，按照劳动者的劳动数量和质量分配个人消费品。

按劳分配是社会主义公有制的产物，又是社会主义公有制的实现，是对剥削制度的根本否定，是历史的一大进步。这个原则对于调动劳动者的社会主义积极性、建设社会主义有重大作用。由于劳动能力不同，家庭人口不同，劳动者的收入水平和生活水平实际上是不平等的,这也是一个"弊病",但在社会主义阶段是不可避免的。实行按劳分配的原则,要求人们必须加强思想政治工作,反对平均主义,选择合适的按劳分配的形式。

(一)"劳"的含义

按劳分配的核心是"劳","劳"既是指个体的"劳",也包括企业的"劳"。在计划经济条件下,国家实际上是一个大企业,不同的职工在不同的工厂里,但实际上仍然是国家这个大企业的一分子。那时,按劳分配是由国家进行的,每个职工都是平等的,因而把"劳"理解为个体的"劳",具有合理成分。改革开放以来,国家不断向企业放权,最终使企业成为独立的法人。在这种情况下,国家进行按劳分配,面对的不再是职工个体,而是企业。因此,在市场经济条件下,按劳分配的"劳"首先应当理解为是企业的"劳"。国家通过宏观管理这只"手",市场通过"看不见的手",共同对企业进行按劳分配。企业"劳"越多,获得的分配也就越多。一方面,国家和市场对企业进行按劳分配;另一方面,企业对职工也要进行按劳分配。在企业内部,"按劳分配"之"劳"就是个体的"劳"。由于管理模式不同，企业也可能只对车间、班组进行分配，但职工最终获得的分配还是按自己个体的"劳"计算的。如果企业的"劳"不多，个体的"劳"再多，个体也难以获得较大的分配物。事实上，甲厂高级工程师的收入不如乙厂工人，丙厂劳模的收入不如丁厂守门人的情况，在现实中随处可见。如果我们不把"劳"既理解为企业的"劳"，又理解为个体的"劳"，就难以解释这种现象，职工的疑惑也就难以消除。当然，针对"不平等"现象需要国家采取措施，予以调整。不同企业之间收入差距过大，不利于调动职工的积极性。这时就需要国家通过法律的、行政的各种手段加以调整，例如规定最低工资标准，对高收入者征税，对低收入者给予补贴等。

按马克思的本义，按劳分配之"劳"，是指一般劳动。但是，在现实生活中，人们往往理解为具体劳动。由此引发的分歧显然不利于按劳分配原则的践行。因此，与其理解为劳动本身，不管是具体劳动还是一般劳动，不如理解为劳动成果。在市场经济条件下，劳动本身往往难以进入市场进行交换，更不用说获得分配之物。而劳动成果却可以直接进入市场，成果越多，可以通过交换获得的分配越多，从而体现按劳分配原则。即使是在企业内部，由企业对职工个体进行的按劳分配，也应按劳动成果进行。劳动有有效劳动、无效劳动之分，有一般劳动、具体劳动之别，有复杂劳动、简单劳动之异，其区分和计算都是相当麻烦的事，甚至是不可能的事。劳动成果是劳动的最终体现。有效劳动多，劳动成果就多。劳动成果一旦作为商品，本身就体现了一般劳动。劳动成果科技含量高，反过来证明其复杂劳动含量高。因此，按劳动成果进行分配，应是按劳分配的题中之义。事实上，劳动不仅有数量之分，不仅有简单复杂之别，而且还有优劣之差异。社会需要并认可的劳动，才是有效劳动。可是劳动的优劣是无法通过劳动本身来判定、来计算的，只能通过劳动成果来判定和计算。劳动成果体现为产品或服务，既有数量属性，又有质量属性，而且可以直接接受社会的检验，其对分配的意义是不言而喻的。按劳动成果分配，才能将按劳分配的原则真正落到实处。

（二）由"谁"来进行分配

究竟是"谁"在对企业进行分配。不可否认，国家依然掌握着对企业进行分配的相当大一部分权力。国家通过财政政策，抑制企业其他要素参与分配的比例，提高企业劳动要素参与分配的比例，对那些吸收劳动力数量多、质量高的企业实行某种倾斜政策等手段，都体现国家对企业在进行按劳分配。但是，在市场经济条件下，进行分配的主体不是国家，而是市场这只"看不见的手"。仅就产品（服务）市场而言，"看不见的手"本质上是对产品（服务）进行分配。也就是说，是按劳动成果进行分配。当然，由于劳动成果有一个是否被市场接受的问题，市场进行的"按劳分配"包含的变量也较多。但是，我们所说的劳动是有效劳动，那些不被市场接受的劳动成果，实际上是无效的。无效的劳动或劳动成果不能参与分配，也是顺理成章的事。如果排除其他因素，将市场界定为一种理想状态，那么可以说，市场对企业进行的按劳分配是最充分的。

企业对职工进行的按劳分配，是在扣除了马克思所说的全部应扣除项目之后，再扣除其他要素参与分配的份额才进行的。不同的企业可能采用不同的分配方式，计件、计时、奖金可以同时采用。近年来，平均主义逐渐被打破，按劳动成果进行分配已逐渐形成制度。由于改革的滞后和历史的惯性，国营企业的按劳分配依然存在一些问题，比较而言还不如其他类型企业搞得好，因而束缚了职工的积极性，一些能干的人纷纷跳槽，就是例证。

二、按劳分配的必然性及实现条件

（一）实行按劳分配的必然性

一是生产资料公有制是按劳分配的前提。生活资料的任何一种分配形式，都不过是生产条件本身分配的结果。在社会主义条件下，劳动者对生产资料的共同占有，决定了劳动成果也应归劳动者共同所有。在生产资料占有关系上的无差别性决定了劳动成为个人消费品分配的唯一依据。

二是劳动分工，特别是旧式劳动分工的存在是实行按劳分配的直接原因。劳动分工导致劳动的差别，这种差别又会在个人消费品分配上反映出来，这就要求按照劳动者向社会提供的劳动的数量和质量分配个人消费品。

三是劳动是谋生手段也是实行按劳分配的直接原因。在社会主义社会，劳动还是一种谋生的手段，还没有成为劳动者的第一需要。因此，劳动者还不可能不计报酬地为社会劳动，这就要求把劳动与收入联系起来以激励劳动者向社会提供劳动。

四是社会生产力水平相对低下是实行按劳分配的终极原因。"分配方式本质上毕竟要取决于可分配的产品的数量"。在社会主义初级阶段，由于生产力水平低下，生产的社会产品数量有限，能够用来分配的个人消费品也有限。按劳动者为社会提供的劳动来分配个人消费品，可以促进生产力水平的提高。

（二）按劳分配的实现条件

根据马克思的设想，按劳分配要有一些前提条件，这些条件包括：

一是在全社会范围内实现生产资料公有制。消费资料的分配是生产条件本身分配的结果，只有实行全社会范围的生产资料公有制，才有可能使全体劳动者能够平等地占有和使用生产资料，才能够消除由于生产条件占有的不同造成的劳动者在分配上的差别，使劳动成为消费品分配的唯一因素。

二是经济社会条件要能够保证劳动者各尽所能，这些条件包括足够的生产资料可供投入生产，不仅保证人人就业，而且为劳动者选择职业提供充分的自由。

三是商品经济已经消亡。在没有商品货币关系的条件下，每一个人的劳动，无论其特殊用途是如何不同，从一开始就成为直接的社会劳动。

四是社会可以统一对社会总产品作各项扣除。劳动者除了可供个人消费的消费资料之外，没有任何东西可以成为个人的财产。

三、我国实行按劳分配的发展历程

按劳分配原则是马克思在《哥达纲领批判》中首先提出的，列宁在《国家与革命》中进一步进行阐述。对这一原则的认识及其在我国社会主义建设中的贯彻，有一个曲折的发展过程。

（一）建国初期阶段

建国后最初几年，党政干部和解放军官兵实行供给制，到1955年才普遍改为工资制。学习苏联的办法，在工人中实行八级工资制和计件工资制，在国家干部中实行各种级差的工资制度。在对级差工资制以及同物质鼓励原则不可分割的按劳分配原则这一问题上，毛泽东在1959年12月到1960年2月，参加苏联《政治经济学（教科书）》的读书小组时，发表了许多谈话，他在读到苏联教科书中有关工资制和物质鼓励的内容时说："在根据地的时候，我们实行供给制。人们还健康些，并不为了追求待遇而吵架。解放后实行工资制，评了级，反而问题发生得多。有些人常常为了争级别吵架，要做很多的说服工作。"

（二）"文革"后期阶段

这一思想在"文革"后期1975年的理论问题指示中发展为："中国属于社会主义国家。解放前跟资本主义差不多。现在还实行八级工资制，按劳分配，货币交换，这些跟旧社会没有多少差别。所不同的是所有制变更了。""四人帮"把毛泽东的这些思想进一步作极左的解释，把按劳分配、八级工资制、商品制度都说成是"产生资本主义的土壤和条件"，借此来推行"大锅饭"、平均主义，使劳动人民的生产积极性遭到极其严重的打击，影响社会主义制度优越性的发挥。邓小平早在"四人帮"横行时就批驳他们的极左谬论。他在1975年8月18日《关于发展工业的几点意见》中就批评当时劳动报酬制度中的平均主义倾向，说："坚持按劳分配原则。这在社会主义建设中始终是一个很大的问题，大家都要动脑筋想一想。所谓物质鼓励，过去并不多。人的贡献不同，在待遇上是否应当有差别？同样是工人，但有的技术水平比别人高，要不要提高他的级别、待遇？技术人员的待遇是否也要提高？如果不管贡献大小、技术高低、能力强弱、劳动轻重，工资都是四五十块钱，表面上看来似乎大家是平等的，但实际上是不符合按劳分配原则的，这怎么能调动人们的积极性？"

（三）改革开放时期

粉碎"四人帮"后，邓小平进一步在按劳分配问题上拨乱反正，他指出："按劳分配的性质是社会主义的，不是资本主义的。"他针对当时把政治态度当作评定工资等级的首要标准这种错误做法指出："按劳分配就是按劳动的数量和质量进行分配。根据这个原则，评定职工工资级别时，主要是看他的劳动好坏、技术高低、贡献大小。政治态度也要看，但要讲清楚，政治态度好主要应该表现在为社会主义劳动得好，做出的贡献大。处理分配问题如果主要不是看劳动，而是看政治，那就不是按劳分配，而是按政分配了。总之，只能是按劳，不能是按政，也不能是按资格。"党的十一届三中全会以后的改革开放过程中，为适应我国社会主义初级阶段的具体历史条件，邓小平又对按劳分配和其他分配形式的关系、共同富裕的实现形式等方面的问题，多次提出创造性的见解。

党的十六大报告指出："理顺分配关系，事关广大群众的切身利益和积极性的发挥"；要"确立劳动、资本、技术和管理等生产要素按贡献参与分配的原则,完善按劳分配为主体、多种分配方式并存的分配原则。要坚持效率优先、兼顾公平,既要提倡奉献精神,又要落实分配政策,既要反对平均主义,又要防止收入悬殊";"以共同富裕为目标,扩大中等收入者比重,提高低收入者收入水平"。

党的十八大报告提出,实现发展成果由人民共享,必须深化收入分配制度改革,努力实现居民收入增长和经济发展同步、劳动报酬增长和劳动生产率提高同步。还提出,提高居民收入在国民收入分配中的比重,提高劳动报酬在初次分配中的比重,指明了深化收入分配制度改革的基本方向,报告同时提出初次分配和再分配都要兼顾效率和公平,再分配要更加注重公平。

四、我国按劳分配的特点

我国的按劳分配制度有以下四个特点:

一是按劳分配在商品经济条件下是通过三个阶段实现的。第一阶段,企业的总劳动在产品市场上实现。在商品经济条件下,劳动者的劳动不能直接作为社会总劳动的构成部分出现,而只能先作为企业总劳动的一个组成部分出现。

只有当企业生产出来的产品在市场上销售出去，劳动者的劳动才转化成为社会劳动。第二阶段，企业对劳动者按其劳动进行分配。企业销售产品取得收入以后，依据每个职工的实际劳动贡献进行分配，形成劳动者个人的劳动报酬。第三阶段，劳动者用个人收入购买商品实现自己的消费。

二是按劳分配采取货币工资或其他形式实现。劳动报酬以货币工资形式出现，那么实际报酬水平不仅同货币工资的数量有关，而且与商品供求关系及价格状况有关。

三是按劳分配在全社会范围内并没有统一的标准。由于存在多种所有制形式，个人消费品的分配既不可能都采取按劳分配的形式，也不可能采取统一标准实现按劳分配。在不同的所有制形式下，实现不同的分配原则。在不同的公有制企业内，按劳分配也无法按统一的标准实现。

四是按劳分配与其他分配形式并存。由多元的所有制结构所决定，其分配结构呈现一种是以按劳分配为主体，多种分配形式并存的格局。

五、知识如何参与按劳分配

随着知识经济的到来，知识参与分配已经越来越普遍，并且也越来越得到人们普遍认同。这是因为，知识是作为脑力劳动的成果参与分配的，也是一种按劳分配。我们知道，一般的劳动成果（产品或服务）只能使用一次（或曰一个寿命周期）、只能供一人或一个社会群体使用，因而这种劳动成果也就只能一次性地参与按劳分配。知识作为一种特殊的劳动成果，从理论上讲，其使用的范围、时间和频次具有无限性，除非有更新的知识将其代替、淘汰、推翻。所谓分配，在市场经济条件下，是劳动成果的享用者对劳动成果的所有者支付的报酬。享用者越多，支付的报酬也就越多，一般的劳动成果是以其数量来争取其享用者的，例如工厂可以造出成千上万台电视机，以争取成千上万的消费者，每个消费者都要向工厂支付报酬。电视机是复制的，每复制一次，都要支付相同的劳动，因而每一台电视机只可能获得一次报酬，企业和参与电视机制作的职工也只可能凭自己的劳动成果参与一次按劳分配。知识这种特殊的劳动成果虽然也需要一定的载体，其载体也需要复制，但其本身却不需要复制，不需要再付出新的劳动。不管有多少消费者，只要他购买知识产品，他就要支付报酬。也就是说，不需要复制的知识，可以参与无数次的分配；一次性的脑力劳动成果，可以无数次获得报酬。这不仅不是对按劳分配的否定,恰恰是按劳分配符合逻辑的发展。专利、发明、科技成果等作为股份参与企业的分红,实际上体现了按劳分配的原则。肯定这一点,有利于知识经济的发展。

第二节 按生产要素分配

一、按生产要素分配的基本内涵

按生产要素分配是指各种生产要素根据各自在生产过程中所做贡献大小来参与收益分配,获得相应的报酬。按生产要素分配并不必然导致两极分化,这主要取决于生产资料所有制的性质和国家对收入分配的调节。

"按生产要素分配"是指按照进行物质资料生产时所投入的生产要素的多少,进行收益分配的一种方式。通俗地说,就是生产前,你所拿出来用于生产的"东西",譬如劳动力、资本、技术、土地等生产要素愈多,将来生产后所形成的利润中,你就能分得愈多。简单地说,就是多拿多得,少拿少得。这跟"按劳分配"中的"多劳多得,少劳少得"

是同样的道理。但比前者内容更丰富,方式更进步。因为,这表明你拿出来用于生产的"东西"不一样,所获得的"好处"也就不一样,比方说,拿出土地"好处"便是地租;假如你拿出来的是劳动,那么给你带来的"好处"就是工资;如果你拿出来的是一笔数目不小的钞票,那么给你带来的"好处"便是利润。

生产要素按贡献参与分配,"就是在社会必要劳动创造的价值的基础上,按各种生产要素在价值形成中所做的贡献进行分配"。"由于劳动、资本、土地等生产要素在价值形成中都发挥着各自的作用,所以,社会主义的工资、利息和地租,不过是根据劳动、资本、土地等生产要素所做的贡献而给予这些要素所有者的报酬。按生产要素分配主要有:以劳动作为生产要素分配;劳动以外的生产要素所有者参与分配;管理和知识产权类的生产要素参与分配。

江泽民在十五大报告中提出"把按劳分配与按生产要素分配结合起来,鼓励资本、技术等生产要素参与收益分配"。在这里,生产要素主要包括:劳动、技术、人才、资本、管理、土地、房屋等。

二、实行按生产要素分配的依据

对于处于社会主义初级阶段、实行市场经济的国家而言，鼓励按生产要素分配，主要就是由生产要素所有权和市场经济的内在客观要求这两方面决定的。

（一）生产要素所有权决定了该要素所有者的收益权

无论在任何社会，土地、资本、技术等生产要素都是有限的，然而它们又是人们从事生产活动创造物质财富所不可缺少的必要条件，于是就产生了对这些生产要素所有的必要性，从而出现了相应的生产要素所有权。生产要素的这种所有权具有排他性和独占性的特点，它决定了不同生产要素之间的让渡不可能是无偿的、不计报酬的。否则它就会破坏这种排他性和独占性，否定当今存在的不同的所有制形式，由此也就破坏了社会的生产活动。

马克思在《哥达纲领批判》中指出："消费资料的任何一种分配，都不过是生产条件本身分配的结果。"其中的生产条件本身也就是各要素的所有制关系。随着私有制和阶级产生以后，这种所有制关系就硬化为特定的所有权、占有权、支配权、使用权和收益权。这其中，所有权具有决定性的作用，决定着其他四项权利：一方面生产资料的所有者可以凭借所有权直接行使对生产资料的占有、支配、使用并获取相应的收益；另一方面，他也可以把生产资料的这种占有权、支配权、使用权委托或转让给他人，直接凭借所有权来获取相应的收益。总之，所有权和收益权永远都是不可分离的，所有权是收益权的基础和前提，收益权是所有权的目的和在经济上的实现形式，不参与收益分配的所有权是没有任何意义的。因此我们说，生产要素参与收入分配是生产要素所有权在经济上必须、也是必要的实现形式。

任何社会财富都是人们投入的多种生产要素共同作用的结果。在市场经济和多种所有制成分并存的条件下，由于各种生产要素分别属于不同的利益主体，因此要实现生产的正常运转，就必须刺激这些要素的所有者能积极、自愿地将其所拥有的生产要素投入到生产过程中去。而这就需要承认他们的所有权，并给予他们相应的收益回报。否则，是没有人会自觉自愿地无偿提供自己所拥有的生产要素的，那么生产活动也就无法正常、高效地运转。长期以来，我们国家经济发展的一个主要约束因素就是资金、技术、企业家要素供给不足。从某种程度上说，不是因为我们没有，而是因为过去那种单一的按劳分配方式起不到积极的动员、刺激作用，导致了本来就十分有限的人才、技术大量外流，在更大程度上加剧了这种要素的不足。

因此，只有承认这些生产要素的所有权，并根据它们的贡献给予其所有者相应的、在某些情况下甚至是可以适当偏高的报酬，才能提高他们的投资积极性。这不仅能使自身大量闲置的要素得到充分、有效的利用，防止稀缺要素的流失，还能在一定程度上吸引国外一些甚至更多先进生产要素的进入，从而促进生产力的加速发展。

（二）按生产要素分配是市场经济的内在客观要求

实行市场经济，就是要以市场为基础，通过竞争性的价格机制，实现对资源的优化配置。对社会生产所需的生产要素而言，就是要求它们必须进入市场，成为商品，从而通过它们的价格波动来实现自身的有效配置。当某地某种生产要素供不应求时，该要素的价格就会上涨，其所有者获得的报酬就高。利益的驱使会导致这种要素大量流向该地，直至供过于求，引起该要素价格下降，最后达到各地价格大致相同，从而要素的流动减少甚至停止。只有在这种不断流动的过程中，生产要素才能按照市场要求实现有效配置。由于要素价格就是给予要素所有者的报酬,因此要素价格的实现过程也就是按生产要素分配的过程。可见,按生产要素分配是市场经济的内在客观要求,"市场经济本身就包含着按生产要素分配的内在必然性"。

按生产要素分配,一切进入市场的生产要素都要有价格。这就意味着,对于它们的使用不能再像以前那样是"公有公用",无偿使用,而是有偿的。这就在无形中促使了生产经营者在使用这些生产要素时,精打细算,节约使用;同时努力提高它们的使用效率,寻求它们的最佳组合,以求以最低的生产成本实现最大的利润。这不仅大大提高了企业的生产经营效率,也有效地避免了过去那种不受约束、随意浪费资源、不合理使用资源(尤其是稀缺资源)的现象,有利于我们实现经济增长方式由粗放型向集约型的转变,有利于实现整个经济的可持续发展。同时,生产要素的有偿性使用,使越稀缺的生产要素,其有偿性(报酬)越高。这也促使着生产要素的所有者努力提高其要素的质量,并随时根据市场的需求将其投入到最有效的地方,以求最大限度地实现他的报酬。这就更加促使了资源的优化配置,促进了生产力的发展。

三、按生产要素分配的形式

生产要素的多样性决定了按要素分配形式的多样性。主要的几种形式是：

（一）按劳动力价值分配

按劳动力价值分配主要存在于私营企业和外资企业，并与劳动力市场相联系。在私营企业和外资企业的劳动者，他们将自己劳动力的支配使用权在一定时期内转让给企业，所得的工资实质上是劳动力的价值或价格。在中外合资和合作企业中，在一定程度上也是按劳动力价值分配占主要地位。

（二）按资分配

按资本分配是指资本所有者凭借其投入的资本分割利润的分配关系。在我国的私营企业、股份制企业和外商投资企业中，存在凭资本获取利润的分配关系。这种收入称经营性资本收入，在企业内表现为利润。它是工人创造的剩余价值的转化形式。

（三）按技术要素分配

企业生产经营需要多种生产要素的共同作用。随着经济发展阶段的不断提升，技术逐渐成为了企业获取利润的主要推动力。基于此，企业经营者需要在利润的分配中注重于考虑技术所发挥的作用。就目前而言，按技术要素分配主要是技术的拥有者通过专利或者直接参股获取利润。

（四）按企业家才能要素分配

人是推动经济发展的主要生产力。在企业的生产经营中，企业家才能逐渐成为了不可获取的生产要素，企业家所表现出的宏观布局、组织协调、管理沟通等才能，逐渐成为影响企业利润水平高低的重要因素。与此同时，随着社会主义市场经济体制的深入推进，企业的现代化经营理念日益深入人心，职业化的管理者成为了推动企业生产经营的主体，依照市场分工的原则，企业家才能与劳动力、技术、资本等一样，逐渐成为分享企业利润的主要生产要素。

（五）按信息要素分配

市场经济体制的有序运行，依赖于充分的信息。信息越是完全，企业就越能掌握足够的主动权，就越容易形成竞争力，从而在市场竞争中占据足够的优势。因而，在信息化时代，信息也是影响企业生产经营的重要的生产要素，应当按照市场原则向信息的所有者、提供者和经营者分配一定的利润。

四、按生产要素分配的要求

我国现阶段按生产要素分配有以下五点要求：

一是把资本、技术、管理放到与劳动同等的地位。只有这样，一方面可以充分配置生产所需要的各种生产要素资源，保证生产的顺利进行，达到规模经济；另一方面，又可以调动各方面的积极性，最大限度地刺激生产要素所有者的投资热情、先进技术的推广应用和管理才能的充分发挥。

二是把劳动放在第一位。这是基于我国目前劳动力市场的实际情况，在我国市场经济条件下，劳动特别是简单劳动在与资本、技术和管理的竞争过程中，经常处于相对弱势的地位，因此，国家有责任运用法律的、经济的、政策的手段来充分保障劳动者的正当权益。它包括运用《劳动法》、《工会法》等法律、行政法规来保护劳动者的各种劳动权益；运用社会保障制度来保护社会低收入者。这是社会主义市场经济条件下，国家和政府的主要职责和根本任务之一。

三是为保护资本市场投资者的权益提供更加明确的理论支撑。近些年来，我国城市居民和农村居民的收入构成发生了较大的变化，财政性收入的比重逐渐上升。随着居民收入水平的不断提高，居民的投资倾向会进一步增强，资本市场也将日益活跃，随着资本市场的逐步规范，整个投资环境会得到进一步改善。因此，我们完全可以相信一个更加发达的、完善的资本市场将为我国经济的发展、人民生活的改善、小康社会奋斗目标的实现提供强有力的支持。

四是充分调动广大科技工作者的创造性，使得科技人员的地位、作用、技术知识的价值得到社会的充分肯定，使得广大科技人员的收入与他们的劳动贡献相配比，从而促进科技事业的大力发展，促进科技成果转化成为现实的生产力。

五是在社会主义市场经济条件下，企业家可以凭借其管理才能——这一特殊的生产要素获得相应的报酬，这是中国市场经济发展的内在要求，也是中国产权制度改革的必然结果。现代经济学特别强调企业家才能对生产的核心作用，认为把劳动、资本、土地等生产要素合理配置起来，生产出最多、最好的产品的关键因素就是企业家才能。在中国经济体制改革的实践中，特别是股份制改造过程中，企业绩效的来源更多地依赖于企业领导人的管理能力及其能力的发挥程度，也就是说，企业领导人的决策能力、管理能力、市场开拓能力等是企业改革成功的核心。由于管理能力是一种特殊的人力资本，而这种人力资本只有通过激励才能高度挖掘其巨大潜力、发挥其作用，所以必须让各种层次的管理能力都可以得到相应的报酬。只有这样才能充分发挥企业家人力资本的作用，从而实现企业价值的最大化，进而为实现社会价值的最大化打下坚实的基础。

五、按生产要素分配的意义

生产要素按贡献大小参与分配有如下几点意义：

一是生产要素按贡献大小参与分配，有利于促进生产要素市场的发育与完善。在社会主义市场经济条件下，要发挥市场机制对资源配置的基础性作用，其关键是发展资本、劳动力、技术、信息等各种生产要素市场，只有这样才能促进生产要素平等地参与收入分配。

二是生产要素按贡献大小参与分配，有利于进一步推动所有制结构的调整与完善。因为，在社会再生产的四个环节中，生产决定分配，分配反过来又影响生产。随着所有制结构的调整、完善及生产要素市场的发展，必然会促进投资主体的多元化与分配方式的多元化。

三是生产要素按贡献大小参与分配，有利于促进企业生产要素的优化配置。在市场经济条件下，生产要素按贡献参与分配的实质是分配关系的市场化，即各种要素的贡献率是通过市场竞争机制来决定的。

四是生产要素按贡献大小参与分配，是全面建设小康社会、实现共同富裕的前提条件。生产要素按贡献大小参与分配是以市场机制为基础，以追求效益为目标，因此必然促使资源的优化配置，激发不同生产要素所有者追求高效率的热情，极大地调动各方面的积极性，从而在更短的时间内创造出更多的财富，为全面建设小康社会，实现共同富裕提供坚实的基础。

六、按生产要素分配与按劳分配的区别

（一）两种分配方式的产权主体不同

按劳分配的产权主体只能是公有制；而按生产要素分配则适用于包括公有制在内的多种产权主体。

（二）两种分配方式所处的地位不同

在社会主义市场经济条件下，按劳分配是主体，起主导作用，这一条要坚持不动摇。按生产要素分配只是与按劳分配并存的多种分配方式中的一种，它要与按劳分配相结合。

（三）两种分配方式所遵循的原则不同

按劳分配所遵循的是公平优先的原则，其不足之处是忽视市场因素的影响，忽视效率。按生产要素分配所遵循的是效率优先原则，一切要素都要通过市场来实现优化配置，市场决定分配，高效率必然获得高效益、高回报。其不足之处是忽视非市场因素，忽视公平。

（四）两种分配方式的分配对象不同

按劳分配的对象只是个人收入分配，按生产要素分配的对象则既有个人收入分配（如要素所有权属于公民个人），又有国民收入分配（如要素所有权属于国家和集体）。此外，两种分配方式和性质以及各自反映的生产关系也不同。

第三节 和谐劳资关系

无论是按劳分配还是按生产要素分配，都要处理好劳动者的主体地位，确保劳动与其他生产要素在分配领域中的和谐相处。近些年来，劳资纠纷时常发生，引发的冲突影响了社会主义和谐社会的构建，不利于维护社会稳定，因而使得构建和谐劳资关系显得尤为必要。

一、劳资纠纷

劳资纠纷也称劳动争议,是指劳动者(员工)与投资者(用人单位)之间,由于种种利益冲突而发生的纠纷。目前我国劳资纠纷主要发生在企业领域,政府机关和事业单位领域的劳资纠纷不是主要领域。因而,对于劳资纠纷的分析主要立足于企业层面。

(一)企业劳资纠纷的特点

一是劳资纠纷案件总量居高不下。随着劳动关系双方法律意识的逐步提高,劳动争议处理机制和网络不断健全,劳资矛盾的激化必然导致劳资关系的失衡,致使劳资纠纷的数量逐年上升。

二是非公有制企业劳资矛盾纠纷,已从单一形式向多样化形式转化。在非公有制企业劳资争端事件中,以往的纠纷,主要表现在企业拖欠员工工资、员工向企业追讨工资这一形式上,而现在的纠纷不仅表现在员工追讨工资,还表现在员工为争取社会保险、劳动保护、休息休假权利等形式上,而且后者纠纷出现的频率越来越高。

三是因追索劳动报酬、保险福利,解除劳动合同、经济补偿等经济利益争议居主导地位。劳动关系双方对经济利益的重视程度，高于对权利的重视程度，由于劳动者处于劳动关系的弱者地位，个人很难为权利与用人单位抗衡，因此多从经济利益方面找回损失，而用人单位对违约出走的劳动者，也大多以经济赔偿为由提起申诉。

（二）企业劳资纠纷的主要原因

一是社会劳动保障制度不完善。从劳动法的渊源看，我国的劳动法律就是《中华人民共和国劳动法》，除此之外，更多的是劳动社会保障部的劳动规章、地方劳动法规和地方劳动规章。《中华人民共和国劳动法》的规定原则性很强，条文很粗略，操作性不强。而劳动规章、地方劳动法规和地方劳动规章虽然数量繁多，但是规定不一。因此，劳动法律、劳动规章、地方劳动法规和地方劳动规章不统一、不系统的现象较突出，这给劳动仲裁机构和人民法院处理劳动争议案件，带来了很多的问题和困难。

二是相关部门监督管理不力。由于立法的原因，劳动保障部门的行政执法权力相对薄弱，强制性手段有限，在执法过程中与其他行政部门的配合不协调，造成对企业的惩处力度不够，加之自身经费、设备和人员的不足，削弱了执法力度，致使对违规企业失去有效的监督。同时，一些地方政府，担心因严格执法会影响区域投资环境，影响区域经济发展，往往采取过多的干预政策，致使劳动保障部门执法查处力度大打折扣，对企业的威慑力不大，企业违法现象依然照旧。个别执法单位甚至存在消极作为和不作为的现象，将本应通过行政途径解决的纠纷推向法院。

三是用人单位法律意识薄弱。许多企业管理水平低下，用工制度不规范，法律意识薄弱，损害劳动者的合法权益，导致劳资纠纷乃至劳资冲突的发生。有的企业主以尽可能少的劳动力成本，驱动劳动者尽可能多地创造剩余价值，甚至减少劳动者正常的社会保障支出，不配备必要的劳动保护设施，恶意拖欠、克扣工人工资，任意延长劳动时间，以获取丰厚利润，甚至减少劳动者正常的社会保障支出，不配备必要的劳动保护设施，尽量节省企业支出，侵害职工合法权益的现象日趋严重，引发的劳资纠纷不容忽视。

四是劳动关系日趋多样化、复杂化。劳动制度的改革，企业经营机制的转换，特别是劳动合同的普遍推广，使得劳动关系也发生了很大变化，作为劳动关系主体一方的劳动组织，已从过去单一的公有制经济组织发展至不同所有制的多种经济组织，劳动关系主体之间也因劳动合同制的推广，逐渐转变成为一种平等的民事关系，劳动时间、劳动保护条件、劳动纪律、劳动报酬等产生的权利、义务，也因企业经营自主权的扩大而发生较大变化。[1]目前我国已经初步建立了市场经济条件下的劳动用工制度，企业和职工双方还不太适应这种变化，劳动关系一直处于一种相对不稳定的状态。劳动关系的各种矛盾表现比较突出，导致劳动争议纠纷不断增多。

二、非公有制企业和谐劳资关系的构建

（一）非公有制企业劳资关系存在的问题

1. 劳动合同签约率低

劳动合同，是指劳动者与用人单位确立劳动关系，明确双方权利和义务的协议，是劳资关系中最基本的法律契约。《劳动法》规定"建立劳动关系应当订立劳动合同"。因为这是雇主和雇工之间所作承诺法律化的具体表现。但是，在非公有制企业里，招工不签订劳动合同的现象却很普遍。

---

[1] 梅亚兵：《浅析劳动争议的原因与对策》，《法制与社会》，2010年第6期（下）。

（1）企业故意不签劳动合同。[①]一些非公有制企业雇主故意不与雇工签订劳动合同的现象具有普遍性，尤其是在劳动环境比较危险、安全保障措施比较差的企业，雇主为了逃避责任存有不签订劳动合同的主观故意性。大多数的实地调研显示，目前我国民营企业与劳动者签订劳动合同的比例十分低，比如在民营企业比较发达的山东省昌邑市，民营企业的劳动合同签订率仅仅为5%左右。此外，在一些特殊的行业，劳动合同签订率更加不尽如人意。比如在建筑行业，劳动者的雇用多采取包工头的管理，包工头依据承揽的建筑项目的施工要求、质量要求等招聘相关的工人，包工头为了增加管理的灵活性，一般也不与劳动者签订劳动合同，以便随时招聘和随时解聘，从而规避一些法律责任。（2）劳动合同发挥的作用不尽如人意。这主要源于以下两个方面的原因：一是长期以来法律意识的淡薄，使得很多基层的劳动者认为劳动合同的效力并不像法律赋予的那么高，劳动纠纷的解决费时费力，并且认为劳动合同不过是一张纸而已，到手的工资才是他们最为关心的话题。二是企业经营者认为劳动合同对每

[①] 李建国：《透视民营企业劳资关系问题》，《前沿》，2006年第4期。

个人的作用不尽相同，基层劳动者在工作中的违约率较高，且在现有的生产条件下无法有效杜绝，在权衡成本与收益的条件下，这些企业经营者就无奈之下选择了尽量不与劳动者签订劳动合同，以便更便利地降低企业生产经营的成本和更有效地处理劳资纠纷。

2. 劳动条件差安全系数低

优美的劳动环境、安全的生产条件、优良的劳动条件，是企业向劳动者提供的基本生产经营条件，也是企业基本诚信的体现。然而，大多数的非公有制企业为了降低生产经营成本，再加上法律的缺失、监管的不到位，使得我国民营企业的生产经营环境十分不乐观：一是生产经营规模较小的企业，尤其是那些家庭作坊式的微型企业，十分不注重劳动条件的改善，不向劳动者提供最为基本的安全生产措施，无视劳动者的生命，甚至不惜牺牲劳动者的生命来获取带有血迹的利润。二是不严格遵守国家规定的每周40小时工作日制。为了实现利润最大化，诸多民营企业擅自违法延长劳动者的工作时间。尤其是在买方劳动力市场格局下，劳动者为了生存和维持家庭生计，不得不被迫接受企业经营者提出的苛刻的工作条件，由此使得延长劳动时间、加班加点和增强劳动强度成为了司空见惯的现象。现实状况显示，大多数民营企业的劳动者日均工作时间均超过10个小时以上，有的甚至达到12个小时以上。这种违反劳动法的现象并没有让劳动者得到应有的工资。企业经营者支付给劳动者的加班费较低，有的甚至不支付，如果劳动者拒绝或不满意，就面临着被解雇的风险。三是劳动报酬不合理，恶意拖欠工人工资的现象时有发生。及时合理地获得全额劳动报酬是劳动者的基本权利。然而，民营企业为了在最大程度上增加利润、降低工资成本，往往刻意压低劳动者的基本工资或者延长劳动者的工作时间，以便获得超额的利润。为此，企业经营者就会时常克扣或者拖欠工人工资，甚至不顾及政府规定的最低工资标准。既有的资料显示，在诸多的劳资纠纷案件中，大约有50%的案件是由工资拖欠引起的，较长的拖欠时间、较大的拖欠数额，往往会提高劳动者的不满程度，甚至还会引发罢工事件。四是工作环境恶劣，劳动者的基本生命安全无法得到有效保障。诸多处在初创期的民营企业，将生产场所、居住场所混在一起，不仅不重视生产安全和生产卫生，还忽视劳动条件的改善，不采取相应的安全生产措施和劳动保护，导致企业存有诸多安全隐患。企业主这种只顾赚钱、不顾及劳动者人身安全和身体健康的行为，是诸多生产事故频频发生的直接诱因。

3.劳动者保障程度不高

劳动保障亦称劳动安全制度，是指我国为公民基本生活提供安全性保护的公共福利计划、措施和行为的总称，一般包括社会保险、公共医疗卫生保健、社会救济和社会福利等。然而，在民营企业中，很多劳动者没有享受到应有的保障。一是劳动者的社会保险参保率较低。很多民营企业并没有严格按照《劳动法》第七十二条的规定确保劳动者参加社会保障和缴纳社会保险费。大多数企业不给劳动者办理任何社会保障，不向劳动者提供最低限度的社会保障待遇，目前的统计资料显示，我国民营企业的社会保险参保率居然低于40%，远远低于国有企业98%的社会保险参保率。一项针对民营企业的社会调查显示，参加医疗保险的民营企业仅为被调查企业的33.4%，参加失业保险的仅为16%，参加养老保险的最低，仅为8.7%。如此低的社会保险参保率，使得劳动者应有的社会保险和福利无法得到最基本的保障，并成为导致民营企业劳资关系不和谐的直接导火索。可见，民营企业不参加社会保险，既损害了职工合法利益，也制约了整个社会保险制度的进展，影响了保险基金运作的调控能力。二是劳动者的人身权益无法得到有效保障。《劳动法》规定，劳动者的人身权益应该得到保障，这是我国宪法所赋予公民的一项权益，劳动者的生命健康权、休息权、人格权、发展权等都应该得到尊重和保护。然而，在实际中，民营企业不仅没有向劳动者提供应有的劳动报酬，还不采取有效措施确保劳动者的身心健康等权益得到保障，侵犯劳动者人身权益的事件时有发生，对劳动者采取歧视性的态度、随意谩骂和虐待劳动者的现象时常发生，劳动者的人格遭到践踏。[①]

4. 工会组织作用效率低

随着经济社会的发展，劳资关系在企业的经营生产过程中的作用越来越重要，为了让劳资关系成为促进企业可持续生产经营的主要因素，工会应运而生，以便更好地保护劳动者阶层应有的权利，化解劳动与资本之间的矛盾性，弱化两者的对抗性。在我国，《工会法》中明确规定"维护职工合法权益是工会的基本职责"。但是，在实际经济运行中，很多民营企业要么没有成立工会，要么工会形同虚设。越来越多的侵权行为和劳动纠纷显示，工会在我国民营企业里的维

---

① 陆欣、刘占文、张世勋：《我国民营企业劳资关系现状的研究》，《辽宁科技学院学报》，2011年第4期。

权作用十分微弱，仍然面临着诸多现实问题和尖锐的矛盾。工会组织没有真正发挥作用，没有起到应有的监督作用。据浙江省劳科院的一份调查报告显示，已建工会企业的职工中，回答"有事找工会能解决问题"的只占5%；回答"你的工资拿不到怎么办"时，表示"让工会帮我们去讨"的只占12.7%，明显低于找劳动部门、老板的44.44%和33.33%的比重。这说明企业工会在解决劳资冲突和维权方面的独立性、效率相当不理想，或者说行为不力。[①]

（二）非公有制企业劳资关系不和谐的原因

非公有制企业劳资关系不和谐大体有以下五种原因：

一是私营企业主和员工双方的素质不高，劳资协调机构不健全是导致企业劳资关系不和谐的内在原因。[②]首先，社会主义市场经济的深入发展，极大地改变了市场参与主体的价值观念和道德规范，而新的价值观念和道德规范尚未替代传统的价值观念和道德规范。在经济利润的驱动下，企业主想尽一切办法，不惜侵犯员工的合法权益，想方设法降低劳动

---

① 秦璐：《私营企业劳资关系存在的问题与解决的途径》，《经济问题探索》，2005年第9期。

② 周述杰：《和谐社会构建中私营企业劳资关系不和谐的原因及对策》，《广西社会主义学院学报》，2007年第4期。

力成本，驱使员工创造更多的剩余价值。与此同时，诸多企业员工的素质较低，受教育水平较低，由此使得他们的职业技术和技能不高，进一步让这些员工的生产习惯不规范，组织纪律性差，法律法制意识淡薄，这种与企业生产经营不匹配的员工素质，增加了员工与企业经营者之间的矛盾性和冲突性。其次，企业劳资协调机构没有发挥应有的作用，最为直接的表现就是工会作用的缺失。一方面，工会的自主性较差，大多数私营企业主操纵了工会，工会的领导人往往由私营企业主安排产生，导致工会与私营企业主成为利益同盟，完全不代表工人的利益。另一方面，私营企业员工参与工会的积极性不高，诸多企业员工对参与工会和开展工会活动采取了不合作的态度。正是这些原因，导致工会没有成为企业员工利益的代言人，也就无从化解企业主和员工之间的矛盾，从而使得劳资关系不和谐，劳资纠纷时常发生。

二是过于重视制度，缺乏"以人为本"的管理理念。传统的企业生产经营，过多地依赖于人情、关系等因素，由此导致企业经营缺乏相应的制度约束，严重地影响了企业利润的增加和可持续发展。然而，随着企业经营理念的转变，私营企业更多地强调制度的制定，并且认为制度带来的刚性可以解决很多制约企业可持续发展的难题。可是，这种重视规范管理，忽略"以人为本"的管理理念，容易拉大企业经营者和企业员工的距离，降低了员工对企业的认可程度和接受程度。最终让企业经营者无法对企业员工的利益给予应有的关心和重视。

三是劳动力市场供需失衡，市场行为不规范。随着社会主义市场经济体制的建立和完善，价格机制逐渐成为了资源配置的基本手段。企业员工可以凭借其自身拥有的资源禀赋在劳动力市场上获得应有的价值体现，企业也可以通过劳动力市场的供需状况向企业员工支付相应的工资水平。然而，在我国存有大量的剩余的农村劳动力，由此使得劳动力市场上的供给量超过需求量，这种买方市场的出现，使得企业员工处在不利的地位，员工为了获得工作岗位，不得不放弃自己应有的权利。尤其是在劳动密集型企业里，对企业员工素质和技术水平的较低要求，弱化了劳动者的讨价还价能力。

四是制度供给缺失，政府监管不到位。一方面，改革开放以来，市场经济的理念日益深入人心，法律体系的建立也不断完善。但是，注重于协调和解决民营企业劳资关系矛盾的法律稍有欠缺，即便有相应的法律，法律的执行力度也不强，有法不依的现象时常发生。此外，目前的法律体系之间的结构不尽合理，法律之间的交叉和重叠，大大地降低了法律的执行力度和应有的效率。另一方面，仲裁机构不健全、不完善，激发了劳资矛盾。合理的、健全的劳动仲裁机构可以为劳资双方提供一个合理的矛盾化解平台。但是，目前的劳动仲裁机构已经无法满足市场经济条件下企业发展的需求，暴露出诸多问题。另外，较高的争议处理成本、较差的时效性，使得私营企业中的劳资争议案件数量急剧增加，最终无法使得劳资矛盾得到及时有效的化解，劳动者合法权益的维护当然也就无从谈起。

五是劳资双方利益集团组织发育不良。为了满足国家相关规定的要求，我国的私营企业也成立了工会组织，但是快速增长的工会组织组建率并没有发挥应有的作用。较低的工会参与率表明很多企业员工并没有对工会表现出应有的接纳和认可。员工不依靠工会解决劳资纠纷的现象也说明，工会的作用功能较小，弱化的工会作用进一步让企业员工无法从心理上和行动上认可工会。

（三）非公有制企业构建和谐劳资关系的措施

一是建立健全法律体系，规范企业员工雇佣制度。目前我国劳动关系的法律法规体系尚不健全，法律法规的制定严重滞后于企业的发展。因而，需要对既有的法律法规进行梳理和修正，以便更好地维护劳动者的合法权益。为此，首先要做好宣传工作，加强法律教育。努力提高企业主和职工的法律意识，通过对企业主和职工的法律培训，让他们了解《劳动法》，认识《劳动法》是调整业主和劳动者之间劳资关系的准则，明确《劳动法》对双方权利和义务的规定。其次，加强劳动监督力度。在处理劳资关系中，注意实施劳动法律法规，建立健全法律、经济、行政、监督等手段，强化劳动监察的力度。各级组织要依法对私营企业是否遵守劳动法律、法规和规章的情况进行监督检查。对违法行为要及时发现、及时处理，维护职工合法权益，维护企业稳定。其次，全面推行规范用工制度。企业也应依法与职工签订劳动合同，并在劳动行政部门登记，劳资双方都应严格遵守、履行劳动合同。对于违反劳动合同法的行为要加大处罚力度，促使劳资双方都在法律的框架内运行。所以，需要建立现代企业制度，使私营企业劳资关系日趋市场化、契约化。在企业有关劳动合同、工作时间、劳动保险、社会保障、工资分配、福利奖惩、休息休假等重大问题或规章制度，都应由职工参与、企业自行决定，以达到企业与职工相互沟通、相互理解、相互监督，建立稳定协调的劳资关系。

二是建立健全工会组织，加快建立三方协调机制。工会组织建设是建立新型劳资关系的组织基础。除了各个企业要建立工会之外，还应该在国家有关劳动管理部门的支持下，建立行业性工会。按照《工会法》规定：各级政府的劳动行政部门应当有效处理好工会和企业代表之间的利益诉求，建立劳动关系的三方协调机制，通过共同协商解决劳资纠纷。与此同时，工会组织应该代表工人与企业主在劳动合同、工资福利待遇、社会保险等方面进行谈判，以便有效维护劳资双方的合法权益。此外，政府则应该加强对私营企业劳资关系的监管，既要保护和促进私营企业的发展，又要帮助维护劳动者的合法权益，以建立平等和谐的劳资关系。

三是雇员要全面提高自身素质，通过法律和组织维护自身利益。在私营企业中，无论是私营企业主还是员工都共处于一个利益体中，员工不仅是企业和谐劳资关系的直接受益者，更是和谐劳资关系的构建者。所以，员工首先应该不断学习，提高自身的素质。包括学习与工作相关的技能及法律知识，提高为企业创造更多价值的劳动能力，为企业构建和谐劳资关系奠定坚实的物质基础。其次，员工应该学会运用法律的武器保护自己，并通过向相关的组织表达自己的利益和诉求，避免运用非正常手段解决问题，甚至酿成冲突。

四是建立保障机制，完善非公有制企业以及社会劳动保障部门的职能。第一，各级劳动保障部门要积极组织各类职业培训机构和职业技能鉴定机构，对非公有制企业从业人员进行职业技能培训和职业技能鉴定，提高非公有制企业雇工的职业技能素质。第二，建立健全社会保障制度。非公有制企业应该逐步规范为雇工办理医疗保险手续；参加养老保险社会统筹的从业人员达到法定退休年龄时，可办理退休手续，并按规定领取养老金；参加失业保险的从业人员，在解除或终止劳动合同后，可按规定到劳动保障部门领取失业救济金，享受失业保险待遇等。这对减轻社会负担和稳定社会秩序起着至关重要的作用。第三，建立健全劳动争议调解委员会，完善劳动争议仲裁制度。第四，培养规范的经济行为和经济伦理，以减少经常发生的不签订劳动合同、不执行劳动合同、合同中的欺诈行为、侵犯雇员的人身安全、延长劳动时间、拖欠或克扣工人的工资、缺乏劳动安全措施、侵犯女职工和未成年工特殊权益等等。

第四节 以人为本的科学发展观

把劳动视为创造价值的唯一源泉,就是从哲学层面将"人"视作社会财富的创造者,以及将"人的发展"作为社会发展的终极目标。在这个意义上,马克思劳动价值论最重要的当代价值就是要将人的生产力的发展与物质生产力的发展有效统一,在最大程度上推进"人的发展"。

一、"以人为本":科学发展观的核心

(一)"以人为本"是科学发展观核心的历史必然性[①]

党中央提出科学发展观的核心是"以人为本"的理念,是在认真总结历史经验,考察当代社会性质和社会实践,把握人类社会发展规律、社会主义现代化建设规律、党的建设规律的基础上得出的科学结论,深刻揭示了"以人为本"的本质,指出了"以人为本"核心地位的历史必然性。要进一步深入学习、认识"以人为本"在科学发展观中的核心地位

[①] 肖浩辉:《论"以人为本"在科学发展观中的核心地位》,《湖南师范大学社会科学学报》,2011年第1期。

的必然性、重要性，提高坚持"以人为本"的自觉性。

"以人为本"是科学发展观的核心，是由人民在历史上的地位和作用决定的。人民是历史的创造者，是社会财富的创造者，是革命和建设事业胜利的本源。实践证明：坚持"以人为本"则兴，背离"以人为本"则亡。农民起义领袖李自成在发动起义时，代表了农民的利益，实行了一系列的利民主张，受到了人民的拥护和支持，取得了革命的胜利；建立大顺王朝后，贪污腐败，损害人民的利益，严重脱离人民，导致王朝灭亡。孙中山发动辛亥革命，体现了人民的利益，受到人民的拥护，推翻了腐败无能的封建清王朝，建立了民国；后来国民党政府腐败，剥削压迫人民，终于被人民所唾弃。唐朝名相魏徵有句名言"水可载舟，亦可覆舟"，是很有道理的。能否坚持"以人为本"这个核心，关系党和国家的命运。我们必须从人民在历史上的地位以及党和国家前途命运的高度，深刻认识"以人为本"的核心地位。

"以人为本"是科学发展观的核心，是由中国共产党的性质决定的。中国共产党是中国工人阶级的先锋队，是为全中国人民和整个中华民族谋利益的党，始终代表中国最广大人民的根本利益。党的宗旨是全心全意为人民服务，最终目的是实现共产主义社会制度，解放全人类，使"人终于成为自己的社会结合的主人，从而也就成为自然界的主人，成为自己本身的主人——自由的人"。中国共产党人的一切言论行动，必须以合乎最广大人民群众的根本利益、为最广大人民群众所拥护为最高标准。立党为公，执政为民，是党的性质的最本质的要求。我们一定要从这个高度深刻认识"以人为本"的核心地位。

"以人为本"是科学发展观的核心，是由社会主义国家的性质决定的。中国是社会主义国家，人民是国家和社会的主人，国家机关是全心全意为人民服务的社会公仆。社会主义社会的基本经济规律是：通过扩大生产规模、依靠科技进步、提高劳动者的素质的办法发展生产力，满足全体人民不断增长的物质和文化生活的需要，促进人的全面发展。因此，我们搞建设、谋发展，就是为了实现好、维护好、发展好最广大人民的根本利益，同时使广大人民得到眼前的实惠。这是社会主义国家性质的最本质的要求。我们一定要从这个高度深刻认识"以人为本"的核心地位。

（二）"以人为本"的基本内涵

"以人为本"，是科学发展观的核心，是中国共产党人坚持全心全意为人民服务的党的根本宗旨的体现。"坚持以人为本",是中国共产党十六届三中全会《决定》提出的一个新要求。对"以人为本"的科学内涵需要从以下两个方面来把握：

首先是"人"这个概念。"人"在哲学上，常常和两个东西相对，一个是神，一个是物。人是相对于神和物而言的。因此，提出"以人为本"，要么是相对于以神为本，要么是相对于以物为本。大致说来，西方早期的人本思想，主要是相对于神本思想，主张用人性反对神性，用人权反对神权，强调把人的价值放到首位。中国历史上的人本思想，主要是强调人贵于物，"天地万物，唯人为贵"。《论语》记载，马棚失火，孔子问"伤人了吗？"而不问"伤马了吗？"说明在孔子看来，人比马重要。在现代社会，无论是西方还是中国，作为一种发展观，人本思想都主要是相对于物本思想而提出来的。

其次是"本"这个概念。"本"在哲学上可以有两种理解，一种是世界的"本原"，一种是事物的"根本"。"以人为本"的"本"，不是"本原"的"本"，是"根本"的"本"，它与"末"相对。"以人为本"，是哲学价值论概念，不是哲学本体论概念。提出"以人为本"，不是要回答什么是世界的本原，人、神、物之间，谁产生谁，谁是第一性、谁是第二性的问题，而是要回答在我们生活的这个世界上，什么最重要、什么最根本、什么最值得我们关注。"以人为本"，就是说，与神、与物相比，人更重要、更根本，不能本末倒置，不能舍本求末。我们大家所熟悉的"百年大计，教育为本；教育大计，教师为本"，以及"学校教育，学生为本"等，都是从"根本"这个意义上理解和使用"本"这个概念的。

（三）"以人为本"的根本任务和根本目的

1. "以人为本"的根本任务

改革开放以来，中国共产党始终强调把发展生产力作为社会主义社会的根本任务。科学发展观并不否认经济发展、GDP增长，它所强调的是，经济发展、GDP增长，归根到底都是为了满足广大人民群众的物质文化需要，保证人的全面发展。人是发展的根本目的。提出"以人为本"的科学发展观，目的是以"人的发展"统领经济、社会发展，使经济、社会发展的结果与我们党的性质和宗旨相一致，使发展的结果与发展的目标相统一。正如胡锦涛所说，坚持"以人为本"，就是要以实现人的全面发展为目标，从人民群众的根本利益出发谋发展、促发展，不断满足人民群众日益增长的物质文化需要，切实保障人民群众的经济、政治和文化权益，让发展的成果惠及全体人民。

2."以人为本"的根本目的

"以人为本"，不仅主张人是发展的根本目的，回答了为什么发展、发展"为了谁"的问题；而且主张人是发展的根本动力，回答了怎样发展、发展"依靠谁"的问题。"为了谁"和"依靠谁"是分不开的。人是发展的根本目的，也是发展的根本动力，一切为了人，一切依靠人，二者的统一构成"以人为本"的完整内容。只讲根本目的，不讲根本动力，或者只讲根本动力，不讲根本目的，都不符合唯物史观。毛泽东指出，"人民群众是历史的主人"；同时指出，"人民，只有人民，才是创造世界历史的动力"。胡锦涛说，相信谁、依靠谁、为了谁，是否始终站在最广大人民群众的立场上，是区分历史唯物主义和历史唯心主义的分水岭，也是判断马克思主义执政党的试金石。

需要特别强调的是，胡锦涛所有关于"以人为本"的论述，都十分明确地指出，我们所讲的"以人为本"，是以广大的人民群众为本，这里的"人"，不是抽象的"人"，也不是某个人、某些人。一切为了人,一切依靠人,就是一切为了人民群众,一切依靠人民群众。这里讲的"人"和"人民",是同一个意思。

(四)"以人为本"的发展要义

"坚持以人为本",是党的十六届三中全会《决定》提出的一个新要求。坚持"以人为本",同我们党全心全意为人民服务的根本宗旨和代表中国最广大人民的根本利益的要求,是一脉相承的。新发展观明确把"以人为本"作为发展的最高价值取向,就是要尊重人、理解人、关心人,就是要把不断满足人的全面需求、促进人的全面发展,作为发展的根本出发点。人类生活的世界是由自然、人、社会三个部分构成的,"以人为本"的新发展观,从根本上说就是要寻求人与自然、人与社会、人与人之间关系的总体性和谐发展。

1. 人与自然

人类认识和改造自然界是为了创造良好的生存条件和发展环境。发展,是为了什么?当然是为了人——为了人在更好的环境里生活。发展依靠什么?当然依靠的也是人。然而,这个简单的道理,曾一度变得模糊了。在过去相当长的时期内,以征服自然为目的、以科学技术为手段、以物质财富的增长为动力的传统发展模式,在一定程度上破坏了人类赖以生存的基础,使人类改造自然的力量转化为毁害人类自身的力量。人们在试图征服自然的同时,往往不知不觉地变成了被自然征服的对象。例如,水土流失、土壤沙漠化、资源浪费、城市缺水。这一系列问题都向人们发出警示:人类的行为如果违背自然规律,必将遭到自然的惩罚。2003年上半年非典毒魔的肆虐,也是自然界对人类的一个警告。其实,恩格斯早就告诫我们:"我们不要过分陶醉于我们对自然界的胜利。对于每一次这样的胜利,自然界都报复了我们。"而今天,我们依然在"交学费"。这一切告诉我们,决不能再走发达国家先污染后治理的老路,必须树立"以人为本"的新发展观,找到一条人与自然和谐发展的道路,找到一条生态与经济"双赢"的道路。十六届三中全会提出的"五个统筹",其中之一就是"统筹人与自然的和谐发展",这是一条符合中国国情的可持续发展之路。实际上,只有人与自然的关系和谐了,生态系统保持在良性循环水平上,人的发展才能获得永续的发展空间。

2. 人与社会

改革开放以来是我国城乡居民收入增长最快的时期。但我们也要清醒地看到，在经济发展和社会进步方面，我们面临着一系列新的问题和挑战。一是城乡差别、区域差别、贫富差距进一步扩大的趋势亟待扭转。城市困难群体的出现，与我国经济迅速发展的现实极不协调。二是在很多人眼中，发展似乎就是增长，从而造成了经济高增长、社会低发展的失衡局面。我国经济发展了，经济结构调整了，但社会结构却没有相应调整，社会事业还没有得到相应发展。三是在经济日趋活跃、社会利益日益多元化的情况下，社会经济秩序的规范问题变得日益突出起来。四是效率与公平的矛盾也越来越突出。经济发展要讲究"效率"，社会发展要讲究"公平"。现实的情况是，一些地方往往只重视效率，不重视公平。经济社会发展归根结底是为了人的全面发展。只有经济发展而没有社会发展不叫全面发展，同样，只有经济和社会发展而没有人的发展也不叫全面发展。新发展观突出发展是"以人为本"，正是抓住了发展的核心和本质。为此，要逐步增加各项社会发展、生态资源、环境建设的投入，特别是要加大对社会管理和公共卫生、公共服务方面的投入，对那些能够帮助贫困群体、失业群体和弱势群体重新融入社会并在经济发展过程中重新获得机会发展的项目，更应给予优先考虑，尽快形成经济与社会协调发展的新格局。

3. 人与人

实现人与自然、人与社会的和谐统一，最根本的是要处理好人与人之间的关系，建立公正合理的社会制度。我们无法设想，在一个工业文明高度发达但人们利益存在严重对立和冲突的社会里，人与自然的关系会处于"田园牧歌"式的和谐状态。实现人与人的和谐发展，首先是建立相互尊重、理解、信任和关心的良好人际关系。其次，要树立人力资源是第一资源的观念，尊重劳动、尊重知识、尊重人才、尊重创造。要保持党同人民群众的血肉联系，促进党群之间、各阶层之间、不同地区人群之间关系的和谐发展。其三，必须关注和推进人的全面发展，其中最根本的是提高人的综合素质，即提高人的教育水平、文化品位、精神追求和道德修养。

总之，上述三个和谐发展是一个密不可分的整体。"以人为本"是贯穿于三个和谐发展的一条基本原则。只有坚持"以人为本"，才能"把人的世界和人的关系还给人自己"，才能真正实现人与自然、人与社会、人与人之间的和谐发展。坚持"以人为本"，不是抽象、空洞的口号，必须落实到发展的每一项措施中，贯彻到改革的每一个行动中。

二、"以人为本"：一切工作的逻辑起点

（一）人的发展是发展的本质[①]

发展是当代世界的主题，也是当代中国的主题，改革开放以来，我国的发展史无前例，举世瞩目。到上世纪末，我国人民生活总体上达到了小康水平，但是这种小康是低水平的、不全面的、发展不平衡的。出现这样的问题的原因是我们对发展的本质没有准确地理解和把握。对发展的本质的认识主要有两种观点。第一种观点，发展的本质是经济增长，可以称之为物本论。这种观点将发展的指向标定为经济增长，它认为只要经济增长，社会就会发展。由这种观点派生的发展战略是以物为中心开发自然资源，利用资产投入，扩大生产规模，创造物质财富，以经济增长推动社会发展。与物本论相适应的衡量指标为GDP，也就是一个国家或地区当地的生产总值。第二种观点，发展的本质是人的发展。可以称之为人本论。这种观点将发展的指向标定为人的发展，它

[①] 彭树人：《以人为本论纲》，《山东省农业管理干部学院学报》，2004年第3期。

认为只有人有发展，社会才会发展。由这种观点派生的发展战略是以人为中心，开发人力资源，提高人力资本，满足人的物质和精神需要，维护人的经济、政治和文化权益，以人的发展推动社会发展。与人本论相适应的衡量指标为人类发展指数HDI，主要包括一个国家或地区人的知识技能、预期寿命、生活水平等。

尽管经济增长与人的发展互为因果，但是人的发展是发展的本质，这在理论上和实践上都是毫无疑问的。

从理论上讲，首先，人的发展是发展的根本目的，而经济增长是发展的主要手段，手段服从于目的，离开了人的发展，经济增长就失去了意义。其次，人的发展是发展的根本动力，人是生产力中最重要、唯一主动的、能够实现其他因素保值增值的要素，没有人的创造，经济增长是不可能的。

从实践上看，经济增长不一定带来发展，有时还会背道而驰。公平增长可以增长，不公平增长也可以增长；低通胀率可以增长，高通胀率也可以增长；低失业率可以增长，高失业率也可以增长；可持续可以增长，不可持续也可以增长。而不公平增长、高通胀率增长、高失业率增长、不可持续增长，只能为一部分或少数人群和地区带来福祉，而对另一部分或大多数人和地区来说却是损害，甚至是灾难。"拉美陷阱"就是佐证之一，"拉美陷阱"是一些拉美国家在经济高速增长，人均GDP高涨的同时，贫困人口大量增加，社会问题积重难返。例如巴西，2002年巴西的人均GDP超过了3000美元，城市化率达到了82%，然而贫困人口却占到了34%。贫困是动乱的温床，如此高的贫困人口，使得拉美国家社会动荡不安，经济增长也出现疲软。

（二）"以人为本"是把人的发展作为发展的根本目的

"以人为本"，首先是把人的发展作为发展的根本目的，一切为了人，把发展的出发点和落脚点确定为人的发展。

人的发展的内容丰富多彩，其一般递进顺序是脱贫—致富—达贵—自由，其中脱贫是人的发展的前提，一个食不果腹、衣不遮体的人是不可能发展的；自由是人的发展的至高境界，它指的是人具有了完全独立的人格，摆脱了对人和物的依赖，不再是人和物的"附属品"。在社会阶级和阶层分明的今天，这对绝大多数人来说是不可能的。现实社会中，人的发展的基本标志是致富和达贵。富与贵是两个既有联系又有区别的概念。富是丰衣足食，安居乐业，是人物质生活的水平；贵是教育有素，德高才专，是人精神生活的境界。

富是贵的基础，贵是富的升华。一般说来，贵者需要富，但是富者却不必然贵。

把人的发展作为发展的根本目的，就是一切为了人、关心人、爱护人、帮助人。要不断满足人合理的物质和精神需要，切实保障人的经济、政治和文化权益，让大多数人致富，使尽量多的人达贵，逐步推进人的自由发展。

（三）"以人为本"是把人的发展作为发展的根本动力

"以人为本"在把人的发展作为发展的根本目的的同时，也把人的发展作为发展的根本动力，一切依靠人，把发展的引擎器和助推器选择为人的发展。

人的发展的类型各不相同，其一般成长程式分为人手、人材、人才三种。人手是那些凭借个人的体力和知识，能够胜任某种熟练工作的人，这种人在自身的利欲驱使下具有积极性，他们敬业爱岗，恪尽职守，对所做之事专心致志，乐而不倦。人材是那些具备科学知识，掌握专业技能，能够从事某种专业技术工作的人，这种人在自身的责任感感召下具有主动性，他们自我激励，自我约束，对所做之事精益求精，追求优秀。人才是那些以独到的思路和技艺，创造出新技术、新模式、新理论、新成果的人，这种人在自身的事业心的吸引下具有创造性,他们打破常规,敢破善立,对所做之事多快好省,实现卓越。

把人的发展作为发展的根本动力,就是一切依靠人,选好人,用好人,育好人。要适当改革人事管理制度,努力提高领导人管理人的水平,让越来越多的人手成为人材,使更多的人才脱颖而出,真正做到人尽其才和才尽其用。

需要特别强调的是,科学发展观中"以人为本"所指的人有两点质的规定性:第一,它指的是全体人,至少是绝大多数人,不是一部分人,更不是少数人,要让亿万人民在发展中各尽其能,使发展的成果惠及亿万人民。第二,它指的不仅是当代人,还包括后代人,要让子孙后代在发展中建功立业,让发展的成果造福子孙后代。

三、"以人为本":社会主义民生的价值指向

全面建成小康社会,经济发展是基础,改善民生是根本,社会和谐是保障。解决民生问题,是促进经济社会协调发展的基础性工程,也是关系党和国家事业发展全局的关键性工作,我们在经济社会发展的各个环节和各项工作中都要更加重视民生问题。经济建设,要着眼于创造更丰富的社会

物质财富，改善人民生活，提高人民生活水平。政治建设，要着眼于保障人民当家做主的权利和合法权益，不断发展社会主义民主，健全社会主义法制。文化建设，要着眼于满足人民精神文化需求，提高人民精神生活质量，丰富人们的精神世界，增强人们的精神力量。社会建设，要着眼于协调好各方面的利益关系，增强全社会的创造活力，努力建设全体人民各尽所能、各得其所而又和谐相处的社会。凸显"以人为本"的价值指向，具有中国特色的社会主义民生工作的着力点表现[①]在：

第一，着力保障群众的基本需求，大力抓好就业、收入分配和社会保障工作。就业、收入分配、社会保障是民生的三大支柱。就业是民生之本，实现充分就业是人民群众维系基本生活、享受经济发展成果、实现社会价值的基础，是经济社会发展的重大战略和宏观调控的重要目标；收入分配是民生之源，是有效调节社会利益关系，促进经济效率和社会发展的重要保证；社会保障是民生的安全网，是社会运行的"稳定器"，是人民群众的"生命线"，也是构建社会主义

---

① 华建敏：《始终坚持以人为本努力解决民生问题》，《国家行政学院学报》，2007年第2期。

和谐社会的重要基础。

　　第二，着力满足群众的发展需求，积极解决教育、卫生、文化和住房问题。教育是富民强国的根本之策，教育公平体现着人的成长起点和未来发展机会的公平，是重要的社会公平；医疗卫生直接关系人的健康素质，也是人全面发展的基础；文化体现着人的精神需求，也是提高国民素质的重要途径；住房是群众的基本生活需求之一，改善困难群众的居住条件已引起社会广泛关注。随着经济社会发展和人民生活水平的提高，教育、卫生、文化和住房需求已成为民生热点；实现全面建设小康社会的目标，也对提高国民素质和改善居住环境提出了更高的要求。

　　第三，着力确保群众的安全需求，切实加强安全生产和食品药品监管、保护生态环境和维护社会治安稳定。这几项工作都直接关系到人民群众的生命健康和财产安全，是解决民生问题的重中之重。安全生产和食品药品监管的重点是，努力实现安全生产状况好转，有效防止食品药品安全事故，坚决遏制重特大安全事故发生；维护社会治安稳定的重点是，继续整治突出治安问题和治安混乱地区，依法打击刑事犯罪活动，增强人民群众的安全感；保护生态环境的重点是，解决危害群众健康和影响可持续发展的主要问题，不能以牺牲生态环境为代价发展经济，让人民群众喝上干净的水，呼吸新鲜的空气。